草原霸主
——欧亚草原早期游牧民族的兴衰史

马 健 著

2015年·北京

图书在版编目(CIP)数据

草原霸主：欧亚草原早期游牧民族的兴衰史/马健著.—北京：商务印书馆，2014（2015.8重印）
（丝瓷之路博览）
ISBN 978-7-100-10456-2

Ⅰ.①草… Ⅱ.①马… Ⅲ.①游牧民族－民族历史－亚洲②游牧民族－民族历史－欧洲 Ⅳ.①K308.8 ②K508.8

中国版本图书馆CIP数据核字（2013）第277711号

所有权利保留。

未经许可，不得以任何方式使用。

草原霸主
——欧亚草原早期游牧民族的兴衰史
马健 著

商务印书馆出版
（北京王府井大街36号 邮政编码 100710）
商务印书馆发行
北京画中画印刷有限公司印刷
ISBN 978-7-100-10456-2

2014年1月第1版　开本 880×1230　1/32
2015年8月北京第2次印刷　印张 6 3/8
定价：35.00元

主　　办：中国社会科学院历史研究所中外关系史研究室

顾　　问：陈高华

特邀主编：钱　江

主　　编：余太山　李锦绣

主编助理：李艳玲

编者的话

《丝瓷之路博览》是一套普及丛书，试图以引人入胜的方式向广大读者介绍稳定可靠的古代中外关系史知识。

由于涉及形形色色的文化背景，故古代中外关系史可说是一个非常艰深的研究领域，成果不易为一般读者掌握和利用。但这又是一个饶有趣味的领域。从浩瀚的大海直至无垠的沙漠，一代又一代上演着一出又一出的活剧。既有友好交往，又有诡诈博弈，时而风光旖旎，时而腥风血雨。数不清的人、事、物兴衰遭递，前赴后继，可歌可泣，发人深省。毫无疑问，这些故事可以极大地丰富人们的精神生活。

本丛书是秉承《丝瓷之路》学刊理念而作。学刊将古代中外关系史领域划分为三大块：内陆欧亚史、地中海和中国关系史、环太平洋史。欧亚大陆东端是太平洋，西端是地中海。地中海和中国之间既可以通过海上丝绸之路，也可以通过草原之路往来。出于叙事的方便，本丛书没有分成相应的三个系列，但种种传奇仍以此为主线铺陈故事，追古述今。我们殷切希望广大读者和作者一起努力，让古代中外关系史的知识走进千家万户！

2012 年秋

引 子

公元前 8 世纪，欧亚草原上兴起了一群神秘而强悍的游牧族。他们骁勇善战，令近东各强国闻风丧胆；他们令亚洲之王居鲁士葬身荒漠；他们也让亚历山大大帝止步锡尔河北岸；他们的装束、习俗与农业文明格格不入；他们是黑海沿岸希腊殖民城邦、商埠的保护者；他们自称是世界上一切民族中最年轻的民族；他们只有语言，没有文字，希腊人称他们为"斯基泰人"，波斯人称他们为"萨迦人"，亚述人称他们为"阿息库兹人"，而他们以国王的名字自称为"斯基泰他人"。18 世纪以前，人们对斯基泰人的记忆主要源自古希腊史学家希罗多德的鸿篇巨制——《历史》。这位"历史之父"以生动鲜活的笔触将包括斯基泰人在内的欧亚草原诸部族的起源、分布、形象、习俗、神话、历史和宗教描绘得淋漓尽致，跃然纸上，给我们留下了深刻的印象。1715 年，沙皇宫廷正在为彼得大帝新诞生的王子举行庆典，乌拉尔地区矿主向彼得大帝呈上了一份独特的贺礼。这是一批装饰着雪豹、鹿、狮等动物纹的金器，它们做工精湛、造型生动、充满张力。因此，欧亚草原上掀起探险热潮，沉睡千年的游牧王者的坟冢被渐渐打开。琳琅满目、精美绝伦的随葬品展示着草原霸主昔日的辉煌——古史家笔下神秘尚武的斯基泰人在东西方文化传播与交流中竟扮演着非同一般的角色。

本书将欧亚草原的考古新发现与古典文献充分结合，全面展现斯基泰人的峥嵘岁月，与读者一起探索他们的辉煌，感受他们的真实。

2013 年春

目录 CONTENTS

第一章
游牧王族的真实身份

一　亚洲之王的陨落 / 2
二　排山倒海的辛梅里安人 / 6
三　起源：赫拉克勒斯之子 / 10

第二章
斯基泰人的生活习俗

一　远古的时尚装束 / 18
二　狩猎与战争 / 27
三　黄金打造的今生来世 / 49
四　爱桑拿浴的斯基泰人 / 56

第三章

斯基泰人的葬仪、宗教与艺术

一　木乃伊与殉人 / 66

二　金饰牌上的神祇 / 74

三　草原民族的动物艺术 / 94

第四章

黑海北岸的斯基泰人

一　古坟冢里的黄金宝藏 / 98

二　鸟、老鼠、青蛙与箭 / 103

三　放下武器，拿起皮鞭 / 118

四　北高加索的斯基泰人 / 124

第五章

乌拉尔山的萨尔马提亚人

一　娶妻阿马松女战士 / 130

二　尚武的萨夫罗玛泰人 / 133

三　杀死男人的人 / 141

第六章
中亚的萨迦人

一　崇拜豪麻的萨迦人 / 148
二　王陵：伊塞克金人 / 151

第七章
南西伯利亚的游牧人

一　巴泽雷克冻土墓 / 162
二　国王谷，黄金冢 / 176
三　金字塔巨冢与直立人偶 / 182
四　席卷欧亚，沟通东西 / 186

第一章

游牧王族的真实身份

　　水草丰美、广袤无垠的欧亚草原自古就孕育了许多追求自由、勇武彪悍的民族。公元前8世纪，骑马放牧、逐水草迁徙逐渐成为这里普遍的生活方式。为了争夺优良草场而引发的战争愈演愈烈，磨砺出一支支强悍的游牧部族。在小亚细亚、伊朗高原以及黑海北岸希腊殖民城邦的人们眼里，这些马背上的民族来去如风、擅长骑射，神秘而令人敬畏。希腊人称他们为斯基泰人。斯基泰人只有语言，没有文字，人们只能在希腊史家笔下离奇的神话故事中探寻他们的起源。

亚洲之王的陨落

波斯帝国古都帕萨尔加德（Pasargadae）皇宫的花园中静静地伫立着一具石椁，它长 3.17 米，宽 2.11 米，高 2.11 米，下面有六层长方形台基。古希腊史学家相信，石椁中埋葬着阿契美尼德波斯帝国的缔造者——居鲁士二世（公元前 559—前 530 年在位）。亚历山大大帝在洗劫、焚毁波斯波利斯古城之后，曾来到这里拜谒这座陵墓。据说石椁中放着一具金棺、一张桌子和一把长凳。长凳上铺着巴比伦毛毡和紫红的绒毯，石椁里还有外衣、马甲、项链、弯刀、镶嵌宝石的金耳环。石椁上镌刻着这样一句话："过客们，我，居鲁士，波斯帝国的创造者，亚洲之王。将你们的怨恨发泄在我身上吧，但请不要毁掉这座陵墓。"这位伟大的

居鲁士二世陵墓

亚洲之王,曾在十余年间征服了西亚三大强国——米底、吕底亚、新巴比伦,使古波斯盛极一时,成为近东最大、最强的帝国。公元前539年,当居鲁士踏入巴比伦古城的时候,他深知自己的国度并不安稳,在那锡尔河北岸的中亚草原上还盘踞着一支强悍的游牧部族——马萨盖特人(Massagetae)。他们虎视眈眈,经常骚扰波斯帝国的东北边境。据说,他们是斯基泰人的一支,居住在东边日出的地方,穿着和斯基泰人一样的服装;他们有骁勇善战的骑兵和步兵,使用青铜铸造的矛、箭镞、战斧,战马也全部佩戴胸甲。他们的胸甲、头盔、腰带上的装饰品以及战马的马衔、马镳、颈甲都是用黄金打造的,从不使用铁和银。

居鲁士想要征服这个劲敌,这不仅可以证明自己卓越非凡,还可以解除波斯帝国的威胁,而且他已身经百战,他相信无论出征那个国家都能够取得胜利。这时的马萨盖特部落的首领是一位寡居的女王——托米丽司(Tomyris)。居鲁士一开始并未立刻攻打马萨盖特,他先派去使臣假装向托米丽司求婚。托米丽司很清楚居鲁士并不是真想娶自己,而是想要得到马萨盖特这个王国,于是拒绝接见居鲁士的使者。居鲁士得知这一消息后,便亲率波斯大军北上,驻扎在锡尔河南岸。同时他命士兵修筑浮桥准备渡河。得知这一消息的托米丽司派遣了一名使者来到波斯军营,告诉居鲁士:"米底的国王啊,别忙着做这些事了,这不会给你们带来任何好处。请让我们各自治理好自己的国家。但如果你不愿听从我的忠告,不愿我们和平相处,一定要来尝试马萨盖特的强悍的话,那么现在就不用去架桥了。让我们从锡尔河向北退兵三日,然后你们渡河来与我们一战,或者,你愿意的话也可以退兵三日,我们去河对岸与你们一战。"听完这番话,居鲁士随即召集群臣商议对策,大多数人建议让托米丽司渡河,在波斯的土地上和她作战。但臣服于居鲁士的吕底亚前国王克洛伊索斯(Croesus)却建议去锡尔河北岸与马萨盖特人作战。他认为伟大的波斯王退兵于一个妇人率领的马萨盖特人是莫大的耻辱。而且，如果在锡尔河南岸作战，波斯一旦战败，马萨盖特人必定要会师南下，波斯帝国将毁于一旦。相反，如果波斯战胜，还可以乘胜追击，一举征服马萨盖特。同时，克洛伊索斯还想出一条计策。那就是在波斯大军渡河后，大摆筵宴，准备好的美酒和菜肴，同时把军中羸弱的士兵留在营地，率精锐部队退回锡尔河南岸。没有见识过波斯人奢华生活的马萨盖特人必将在那里尽情宴饮，这时波斯大军就可以渡河将他们轻易击溃。居鲁士毅然采纳了克洛伊索斯的建议，率军队渡河去了马萨盖特人的领地。

波斯大军北渡锡尔河行军一日后，居鲁士按照克洛伊索斯的计策，在营地留下羸弱的士兵，准备好丰盛的宴席，并带精锐部队返回锡尔河南岸。托米丽司也派遣同样数量的一队马萨盖特战士，不费吹灰之力就将波斯羸弱的士兵全部歼灭。当他们看到波斯营地里准备好的盛宴的时候忍不住大吃大喝，然后昏昏睡去了。这时居鲁士的大军再次渡河，将睡梦中的马萨盖特人杀死大半，并俘获了托米丽司女王的儿子斯帕尔伽披赛斯（Spargapises）。托米丽司知道这个消息后立刻派了一名使者告诉居鲁士："嗜血成性的居鲁士，不要因此而得意。葡萄酒使你们波斯人失去了理智，它进入你们的身体，恶言恶语就从你们的口中涌出。你们就是用这种毒药来陷害他，而不是在战场上堂堂正正地打败他。这根本不值得骄傲。现在，请听从我的劝告，把我的儿子送还给我，你们将会不受惩罚地离开这片国土。你们蹂躏了马萨盖特三分之一的军队了，这已经够了。如果你不愿这样，那么我会向我主太阳神发誓，无论你多么嗜血如渴，我都会让你把它饮饱！"

居鲁士根本没把托米丽司的警告放在心上。马萨盖特的王子酒醉醒后，请求居鲁士为他松绑。绳子解开后，羞愤不堪的斯帕尔伽披赛斯毅然自尽了。马萨盖特人被彻底激怒了，托米丽司女王集合了全国的军队与波斯大军作战。据古希腊史家希罗多德的记载，这场战役是他所知道异邦战役中最为惨烈的一次。战争一开始,两军就对垒互射利箭。当箭全部射完后,他们操起矛和剑作殊死的厮杀。战争持续了很长的时间,双方都不愿退却。最终马萨盖特人取得了胜利。悲愤的托米丽司在战场的尸丛中找到了死去的居鲁士。她把居鲁士的首级割下,浸泡在一只盛满鲜血的皮囊里。她说:"虽然我打败了你,现在还活着,而你也摧毁了我,用诡计夺走了我的儿子。但是,我仍要实现我的誓言,让你饮饱鲜血!"就这样,波斯帝国的开国君主居鲁士二世便殒命于锡尔河北岸的中亚草原了,当波斯人举国哀悼的时候,马萨盖特人的勇武和恐怖也深深烙印在波斯人的心中。

其实,在马萨盖特人之前,黑海北岸的斯基泰人和中亚的萨迦人早已令近东诸国闻风丧胆了。

二、排山倒海的辛梅里安人

高加索山脉以北到黑海北岸地区水草肥美,在公元前8世纪以前是辛梅里安人(Cimmerian)的领地。通过与近东的联系,他们能够制造精良的青铜武器,对近东的亚述(Assyrian)、乌拉尔图(Urartu)等强国大肆侵扰。古希腊和亚述文献中都记载过这个可怕的民族。荷马史诗《奥德赛》形容辛梅里安人居住在世界的尽头、冥河的入口处,那里终年被雾霭和云翳所笼罩,明媚的阳光也无法穿透。语言学考证得出,辛梅里安人上层统治者是伊朗人,下层混有色雷斯人和高加索人。

考古学家推测,辛梅里安人可能与南俄罗斯草原的诺沃车尔卡斯克文化(Novocherkassk culture)人群和北高加索的科班文化(Koban

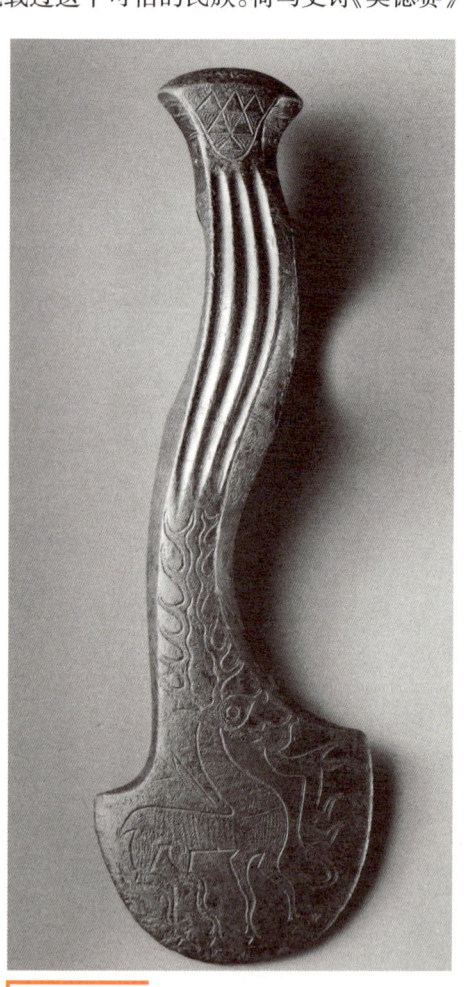

鹿纹青铜战斧

culture）人群之间存在联系。

诺沃车尔卡斯克文化人群生活在普鲁特河（Prut River）与顿河（Don River）下游之间，在公元前9世纪至公元前7世纪中叶之间称霸南俄罗斯草原，并与多瑙河西面的色雷斯人之间存在密切的文化联系。他们使用的武器是用青铜铸造的空首战斧、短剑和矛，马具有三孔的棒状马镳和节约。

科班文化人群在公元前11世纪至公元前4世纪间生活在高加索山脉中

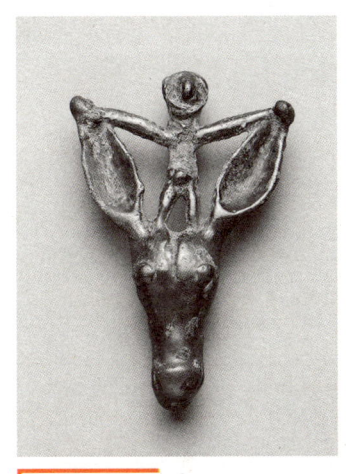

人形青铜带扣

北部地区。他们的遗迹最早于1869年在格鲁吉亚北部科班村被发现，是一座大型的坟冢。科班文化人群拥有高超的青铜制作技术，他们习惯使用镂刻动物纹的战斧、短剑、矛等武器和簪等青铜装饰品。箭头扁平，下面有铤。青铜器上大都装饰着虎、鹿、马、盘羊等动物纹的图案。动物的造型融合了近东卢里斯坦地区和地中海地区的艺术风格，动物的嘴、蹄、尾都表现为几何形符号，不太符合动物的自然比例。

有些青铜器上还装饰着男性的形象，他们可能象征部落崇拜的神，或者本身就是部落的首领。

公元前8世纪，中亚东部草原兴起另一支强悍的游牧民族，他们被称为斯基泰人，斯基泰人向西迁徙、扩张来到了辛梅里安人的领地。公元前750—前700年间，斯基泰人对高加索山一带的辛梅里安人发动了一系列战争，结束了辛梅里安人在该地400多年的统治。对于这场战争，希罗多德写道："辛梅里安人看到斯基泰大军以排山倒海之势前来进攻，大家便召开集会商议对策。民众不愿冒生命危险来与这样一支强悍的军队抗衡，他们希望撤退。但是王族则主张全力保卫自己的国度，抵抗斯基泰人的入侵。结果双方各执一词，任何一方都无法说服对方。他们便分成人数相同的两方厮杀起来，直到王族被民众杀死。后来辛梅里安人的民众把死去的王族埋葬在杜拉斯河畔（Tyras，今德聂斯特河），然后便离开了他们的国土。当斯基泰大军到达这里的时候，辛梅里安国内已经空无一人了。溃败的辛梅里安人可能穿过了高加索山脉西部的克卢霍里（Klukhor）、马米桑—阿拉吉尔（Mamison-Alagir）、达里亚尔（Daryal）山口进入西亚。"关于这场战争，考古学与历史学都已无足可考。但亚述和巴比伦泥板文书明确记载了辛梅里安人在西亚、小亚活动的轨迹。

辛梅里安人首先在公元前714年进攻乌拉尔图王国，乌拉尔图王国国王卢萨一世（Rusa I）被辛梅里安人打败后自杀。此战胜利后，辛梅里安人占据了乌拉尔图西北部，并与乌拉尔图和解并结成军事联盟或充当其雇佣兵。随后，辛梅里安人向安纳托利亚高原挺进，不断攻城略地、烧杀抢掠。他们在公元前695年大举进攻亚述盟邦弗里吉亚（Phrygian），洗劫并焚毁了其都城戈尔迪乌姆（Gordium），并将其国王弥达斯（Midas）下狱。据称弥达斯后来因被迫饮用公牛血而自杀。接下来，辛梅里安人又于公元前654—652年大举入侵吕底亚王国，攻破并焚毁其都城萨迪斯（Sardis），杀死了吕底亚国王巨吉斯（Gyges）。以弗所（Ephesus）、马格尼西亚（Magnesia）和斯米尔纳（Smyrna）等吕底亚近旁的几个希腊殖民城邦也没能幸免于难，都被辛梅里安人一并摧毁。以弗所著名的月亮女神、狩猎之神阿尔忒弥斯的神庙，也险些被辛梅里安人付之一炬。辛梅里安人在小亚细亚的侵扰造成了巨大的恐慌，以弗所的希腊挽歌体诗人卡利诺斯（Callinus）得知辛梅里安人杀死了国王萨迪斯，他便写下诗歌《号召》警告那些悠闲懒散的爱奥尼亚人，辛梅里安人战争已笼罩整个大地，临死前将矛投掷出去，男人的荣耀莫过于抗击敌人、保卫领土和妻儿。任何人都终难免一死，那些勇猛的武士将被作为英雄永载史册，被人们怀念。

进入小亚细亚的辛梅里安人虽然罕逢敌手，攻克多个强国，但却没有建立自己的国家，基本处在一种部落组织状态。游掠于安纳托利亚高原的辛梅里安人也不时侵扰亚述帝国西北边境。而亚述帝国也时刻关注着小亚细亚的局势，多次出兵与辛梅里安人交锋，双方互有胜负。公元前705年，亚述国王萨尔贡二世（Sargon II）因傲慢轻敌，在与辛梅里安人的战争中阵亡。二十多年后，亚述国王埃萨哈东（Esarhaddon）击败了辛梅里安人，斩杀了辛梅里安人的部落首领图什帕（Teushpa）。此后四十余年，小亚细亚国家不断与亚述联合反抗辛梅里安人。而辛梅里安人由于没有稳固的领土，势力逐渐衰退。公元前626年（或公元前637年），吕戈达米斯（Lygdamis）率领的辛梅里安人被吕底亚国王阿尔杜斯（Ardys）击败，公元前625年（或公元前635年）又被亚述巴尼帕（Assurbanipal）击退。从此，辛梅里安人逐渐从历史上消失。

三 起源：赫拉克勒斯之子

希罗多德笔下，驱逐辛梅里安人的斯基泰人无疑是欧亚草原游牧民族中最骁勇强悍、富于传奇色彩的一支。与辛梅里安人一样，斯基泰人也是操东伊朗语的民族之一。他们只有语言，没有文字。"斯基泰"是古希腊人对他们的称呼。亚述泥板文书中称他们为"阿息库兹人"（Ashkuz），阿契美尼德波斯王朝称他们为"萨迦人"（Saka）。汉文典籍中的"塞"、"塞种"是"Saka"的音译。斯基泰人自称为"斯古吕他人"（Skolotoi）。匈牙利语言学家奥斯娃得·切枚例若（Oswald Szemerenyi）的研究表明"Scythian"、"Saka"、"Skudra"、"Sogdian"这四个伊朗语民族的名称都源于一个古老的印欧语同源词，意思是"弓箭手"。其实，无论是古希腊人所谓的"Scythian"还是亚述、波斯人所谓的"Saka"并非确指一个特定的民族，而是泛指那些驻牧在欧亚西部草原、操伊朗语的游牧民族。因为在他们之前，亚述人已经称呼那些被巴尼帕国王打败的辛梅里安人为"Saka Ugutumki"，意思是生活在美索不达米亚以东山区中的萨迦人。南方农业文明国家使用个别词汇泛称那些没有传世文献、语言，生活习俗独特的边疆少数民族的现象在欧亚大陆十分普遍。就如春秋战国时期中原地区称呼的"戎"、"胡"、"狄"。

关于斯基泰人的起源，希罗多德记载了三种传说。第一种说法来自斯基泰人自己，他们自称是世界上最年轻的民族，最早生活在一片荒凉的沙漠中。他们的先祖塔尔吉塔欧斯（Targitaüs）是宙斯和第聂伯河一个女儿的儿子。塔尔吉塔欧斯有三个儿子：里波克赛斯（Leipoxais）、阿尔波克赛斯（Arpoxais）和克拉克赛斯（Colaxais）。传说在他们三人统治时期，黄金制造的锄头、轭、战斧、杯子从天而降。大儿子、二儿子分别走上前去想得到这些金器，但他们一走近，金器就燃烧了起来。最后小儿子克拉克赛斯走近金器的时候，它们停止了燃烧，克拉克赛斯便顺利得到了这些金器并得到了全部的王权。此后，历代斯基泰国王都小心翼翼地保存着这些神圣的金器，每年供奉大量的牺牲来祈求恩赐。在斯基泰王对金器的崇敬下，斯基泰幅员日益辽阔，克拉克赛斯给他的儿子们建立了三个国家，把金器交给最年长的儿子保存。

第二种说法来自黑海沿岸殖民城邦的希腊人。据说大力神赫拉克勒斯（Hercules）为了追赶巨人革律翁（Geryon）的牛群来到后来属于斯基泰人的领地。在这片荒凉、布满风暴和迷雾的沙漠上，赫拉克勒斯披着狮子皮睡着了。醒来后，赫拉克勒斯发现自己那些驾战车的马匹神奇失踪了。为了找回自己的马匹，赫拉克勒斯来到了第聂伯河下游树木茂盛的地方。在一个洞窟里，赫拉克勒斯遇到一个上半身是女人、下半身是蛇的女神。女神称赫拉克勒斯走失的马匹在自己这里，她可以归还这些马匹，但作为报答，要求和赫拉克勒斯欢好。赫拉克勒克斯满足了女神的要求并使女神孕育了三个男孩。赫拉克勒斯临行前留下一张弓和一条挂着金制高脚杯的腰带，同时嘱咐女神：如果日后三个孩子中有人能都拉开这张弓并且会系上这条腰带的话，就让他留下当这里的国王。如果做不到就让他们离开这个国度。女神随后产下三个男孩：大儿子阿伽杜尔索斯（Agathyrsus）、二儿子盖洛诺斯（Gelônus）、小儿子斯基泰（Scythes）。他们长大后只有小儿子斯基泰拉开了赫拉克勒斯留下的那张弓、戴上了挂着金杯的腰带，于是斯基泰便留下来做了国王。

第三种说法，希罗多德认为最为可信。这种说法源自公元前7世纪后半叶曾寻访中亚诸部落的一位希腊诗人——阿里斯铁阿斯

（Aristeas）。据说阿里斯铁阿斯是太阳神阿波罗的信徒，为了寻找阿波罗宠爱的北风以外的人，旅行到了中亚草原的东端，回来后写下了著名的叙事长诗《独目人》（*Arimaspea*）。希罗多德自己虽然并未曾到过中亚，但他对阿里斯铁阿斯的记述深信不疑。据称阿里斯铁阿斯在阿波罗的感召下，来到了伊塞顿人（Issedones）的领地。越过伊塞顿人的领地就是独目的阿里玛斯帕人的领地，越过阿里玛斯帕人的领地就是看守黄金的格里芬人（Griffins），越过格里芬人的领地就是希波伯里安人（Hyperboreans）的领地。他们的领地一直延伸到大海。除希波伯里安人之外，所有这些民族，首先是阿里玛斯帕人，都一直不断地入侵一个又一个的领地。伊塞顿人被阿里玛斯帕人驱逐，斯基泰人被伊塞顿人驱逐，不断西徙，后来又遭到锡尔河北岸马萨盖特人的驱赶，逃到辛梅里安人的领地。辛梅里安人又被斯基泰人驱逐，被迫离开了他们在黑海沿岸的故乡。

以上便是希罗多德记述的斯基泰人起源的三种神话传说。近两个世纪以来，考古学家、历史学家和环境学等领域的专家通过不懈的努力，揭示出欧亚草原古代游牧民族的兴起既含有环境的因素，还包括他们内部和外部的压力。学者们发现在公元前850年左右，欧亚大陆的气候骤变可能是促使欧亚草原地区古代居民向游牧的生活方式和生产方式迅速转化的重要原因之一。欧亚大陆从次北极时期干热的气候转变为次大西洋时期的湿冷气候，欧亚大陆北部的森林地带和南部的荒漠地带转化为草原景观。大批优质天然牧场的产生使得大规模的放牧成为可能，原来森林地带从事狩猎、采集、畜牧的居民以及南部荒漠、绿洲地区从事畜牧业和农业的人群不得不因环境改变生活、生产方式。加之骑马术的普及，广袤的欧亚草原上兴起了多支游牧部落。

随着人口增加、畜群扩大，广袤的欧亚草原逐渐难以满足他们生活的需求而显得拥挤起来。于是部落之间为争夺草场而产生的摩擦、冲突日益加剧。冲突引发的军事竞争促使他们发展出精良的武器、积累了丰富的作战经验。此后，欧亚草原的游牧民们开始向南部农业文明地区扩张、入侵以获得生存的资源。

另外，南方农业文明向北的扩张也可能是游牧民族兴起的重要原因之一。青铜时代农业文明的北部边疆地区生活着一些以畜牧经济为主、兼营狩猎采集的分散的部落。农业文明统一国家向外部的扩张，对北部边疆地区产生了巨大的压力。一些部落臣服、融入了农业文明统一国家，另一些部落则在对抗农业文明统一国家的过程中联合了起来，形成部落军事联盟。这些军事联盟在对农业文明统一国家的军事冲突和商贸往来中逐渐掌握了先进的金属冶炼技术，制作出精良的马具和武器与其抗衡，游牧民族也因此而兴起。

斯基泰人在兴起后，在追击辛梅里安人的途中迷路，沿里海西岸通过打耳班（Derbent），翻越高加索山脉进入西亚。关于斯基泰人在伊朗高原的活动，亚述出土泥板文书保存了较为翔实的记载：公元前670年，正值亚述国王埃萨哈东统治时期，斯基泰作为曼奈人（Mannai）的联军被亚述大军击败，斯基泰王伊斯帕卡（Ishpaka）兵败被杀。此后，米底人卡什塔里提

持剑的斯基泰贵族

（Kashtarit）在公元前 674 年率领的米底、曼奈、辛梅里安盟军在原来亚述的三个行省内发动起义战争。伊朗高原危机四伏，亚述此时急切希望和斯基泰结盟，镇压起义。得知这一消息的斯基泰国王普洛斯杜阿斯（Protothyes）趁机向亚述提出了和亲的请求。亚述国王埃萨哈东怀揣忐忑之心，不知这种联姻是否能真的换来和平，他在向太阳神沙马什的祈求中反复询问："如果普洛斯杜阿斯得到我的女儿，他是否真的会许诺友谊，向亚述国王埃萨哈东发誓并做一切有利于亚述国王的事情？"最终，埃萨哈东很可能将亚述公主舍那伊特尔特（Sherna-etert）嫁给了斯基泰王普洛斯杜阿斯，促成了联姻。

这次起义虽然以失败告终，但米底人并未灭亡，而是摆脱了亚述的统治成为独立的国家。此后 20 年中，不甘屈服的米底人不断同亚述作战，他们甚至在公元前 653 年举兵围攻亚述都城尼尼微。作为亚述盟友的斯基泰人这时使出围魏救赵的策略，斯基泰王普洛斯杜阿斯之子玛杜阿斯（Madyes）率领的斯基泰大军从背后偷袭米底大获全胜。之后，亚述便把米底及其周围包括曼奈、乌拉尔图等地区交由斯基泰人统治。这时斯基泰人的统治中心就设在今天伊朗西北部乌尔米耶湖（Orumiyeh）南岸水草丰美、适宜畜牧的萨盖兹（Saqez）地区。在这里，斯基泰人实施了长达 28 年（公元前 634—前 606 年）的统治。这段时间里，斯基泰人并没有取缔曼奈、乌拉尔图等诸国的政权，而是令他们缴纳贡赋，并为他们提供军事庇护。这时斯基泰人仍然和亚述结盟，并替亚述出兵远征亚述南方诸国。公元前 638 年左右，斯基泰人彻底打垮了西北部的辛梅里安人，并一路西进，穿过美索不达米亚、叙利亚、巴勒斯坦，一直抵达埃及。巴勒斯坦的贝斯尚城（Beth-shan，今贝桑）曾改名为斯基泰波利斯（Scythopolis），可能曾被斯基泰人占领过。当斯基泰大军抵达巴勒斯坦，准备进攻埃及的时候，埃及国王普撒美提科斯（Psammetichus）自知无力抵抗，亲自前来会见斯基泰王库阿克撒列斯（Cyaxares）。在埃及国王的恳求和贡物面前，库阿克撒列斯便放弃了攻打埃及的念头，率军返回了。斯基泰军队在归途中，一部分人洗劫了叙利亚阿斯卡隆（Ascalon）城里的一座阿芙洛狄忒神庙而获罪。据称这座神庙是最古老的阿芙洛狄忒神庙，塞浦路斯（Cyprus）的女神庙以及腓尼基人（Phoenician）在希腊南部库铁拉（Cythera）岛上建造的神庙都是模仿这座建造的。洗劫这座神庙的斯基泰人受到了阿芙洛狄忒女神的惩罚，他们都患上了一种遗传性女性病。斯基泰人把得了这种病的半男半女的人称为埃那列埃斯（Enareis）。

亚述国王亚述巴尼帕去世几年后，库阿克撒列斯于公元前625年成为米底国王，他积极编排军队、操练兵马。此时斯基泰人势力逐渐衰弱，与亚述的关系也开始恶化。十年后，斯基泰人与米底结盟，并于公元前612年，与新巴比伦、米底一起攻陷了亚述王都尼尼微，致使亚述帝国灭亡。此后斯基泰人成为了米底的附庸，并与米底人一起攻灭了曼奈和乌拉尔图。希罗多德记载斯基泰人暴虐成性，他们不仅把所到之处人民的财物劫掠一空，还令他们缴纳贡赋。米底国王库阿克撒列斯也深知斯基泰人桀骜难驯。为了剪除后患，他在公元前590年前后邀请了许多斯基泰人前来赴宴，并在他们酒醉之际将他们杀死。这次挫败使斯基泰人元气大伤，剩余的斯基泰人大部分返回南俄罗斯草原，仅有少部分人留在本都（Pontus）、卡帕多西亚（Cappadocia）和亚美尼亚（Armenia）。还有一部分被米底人安置在卢里斯坦（Luristan）行省，用来帮助米底人训练骑兵。

第二章

斯基泰人的生活习俗

希罗多德在他的鸿篇巨著《历史》中浓墨重彩地描写了中亚诸部落的独特礼仪和习俗。这些内容在古希腊人看来荒诞离奇,很不可信。其实在希罗多德去世一百年后,古希腊著名的哲学家亚里士多德就说希罗多德是个"传说的贩子"。正因为如此,后世的学者们对《历史》的真实性一直半信半疑,他们甚至怀疑这些富有传奇色彩的民族是否真的存在过。

随着18世纪以来欧亚草原考古工作的展开,大批斯基泰人的精美用品被公诸于世。这些发现不断地证明了这些驰骋草原的霸主不仅生活习俗独特,同时还与希腊、波斯等文明古国之间存在着密切的文化交流。

一 远古的时尚装束

斯基泰人的装束很有特色。男性多留长发长须，喜欢戴顶部高耸的尖帽，尖帽两侧向下护住耳朵和脖子，可抵御寒风。上身通常穿着无领的开衫大衣，右侧衣襟裹在左侧衣襟上，腰间系一条腰带；裤子则是斯基泰人为骑马方便而发明的，脚上蹬一双高腰靴子。裤子通常连着袜子，穿在靴子里。靴子外侧在脚踝的地方用一根皮条或毛绳从外面系紧。他们的帽子和衣裤都是用羊皮或毛毡制作的，非常贴身。有羊毛的一侧通常向内，这样更利于保暖。斯基泰人的装束主要是为了适应他们骑马游牧的生活方式和草原上寒冷的气候，这与居住在气候相对温暖的地中海和美索不达米亚平原的希腊人和波斯人的服装差别很大。因此，他们独特的装束很早就被希腊人和波斯人注意到了。

乌科克高原男性游牧民服装

第二章 斯基泰人的生活习俗

波斯波利斯浮雕

希罗多德在《历史》中也提到，属于斯基泰人的萨迦人戴着一种高帽子，又直又硬，顶头的地方是尖的。他们穿着裤子，随身携带自己制造的弓和短剑，以及他们称之为撒伽利司（sagaris）的战斧。

斯基泰人的形象在希腊和波斯能工巧匠的手下被表现得惟妙惟肖。阿契美尼德波斯帝国第三代君王大流士一世（Darius I the Great）在位期间修建的波斯波利斯王宫（Persepolis）的台基浮雕上，表现了波斯帝国统辖的各行省代表团拿着自己当地的特产前来朝贡的场景。在其中一幅浮雕上，五名萨迦人排成一列，徐徐向波斯王座大厅走来。他们个个头带尖帽、留着长须，身着斯基泰人典型的衣裤，腰佩短剑、脚蹬皮靴。走在最前面的一位牵着一匹骏马，马的鬃毛和尾巴都修剪得十分齐整；第二位萨迦人双手各拿着一只手镯；接下来的两位双手都捧着厚实的大衣；最后一位手捧一条连袜长裤。

艾米塔什博物馆收藏着一件古希腊人为斯基泰贵族制作的金壶，这件金壶出土于1830年克里米亚半岛刻赤（Kerch）港附近名为库尔—奥巴（Kul-Oba）遗址的一座公元前4世纪的斯基泰贵族墓葬。

在这件金壶腹部，希腊工匠用锤碟的技术展现了四幅斯基泰人的生活场景：一幅描绘了一个戴尖帽的斯基泰人单腿蹲跪，为弓箭上弓弦的场景；另一幅表现了两个面对面跪坐在地上的斯基泰人，他们没有戴帽子，披着长发、须髯浓密，其中一人左手按着另一人的头，右手伸入对方的口中帮他拔牙，病痛的斯基泰人双眼圆睁，右手握着对方的手腕，生怕自己被弄疼了；接下来的一幅图案是一个斯基泰人帮另一个包扎左侧腿伤、打绷带的场景；最后一幅图案上，一个老者双手拄一根短矛，坐在一块石头上。对面的一个戴尖帽的斯基泰人恭敬地跪在他面前，左手拄矛、右手伏于右膝，身体左侧靠着一张圆角长方形的盾牌，这位带尖帽的斯基泰人似乎在洗耳恭听老者的谆谆教

库尔—奥巴墓葬金壶上的斯基泰人

海。四幅场景中共有七个斯基泰人,全部都穿着斯基泰人传统的衣裤和皮靴,腰带上系着装弓箭的套子,其中三个戴着尖帽,全部身着戎装,很像是在表现他们的军旅生活。希腊工匠以高超的技巧将斯基泰人的表情、神态、须发,甚至衣纹的褶皱、线脚、圆圈状的条纹都刻画得细致入微、惟妙惟肖。

乌科克高原的奥珑库林(Olon-Kurin-Gol)河畔一座公元前3—前2世纪的墓葬中完好地保存着一具男性游牧民的尸骸。他也戴着一顶与斯基泰人一样的尖顶毡帽。平齐的帽檐遮住额头,帽子后侧向下遮住脖颈,两侧的两片长条形的毛毡刚好遮住耳朵和两颊,非常暖和。帽子虽然是尖顶的,但帽顶上部向前弯曲,形状恰似一只脖颈弯曲的天鹅。毡帽上也缝着动物造型的木雕,木雕上包着金箔。这个男性上身就穿着一件开衫的厚毡袄,下身穿一条毛布制成的裤子,裤子里穿着没膝的厚毡袜,毡袜底部是黑色的毛毡,看上去像一双鞋子。可能这种毡袜足够暖和,所以他的袜子外便没再穿皮靴。他宽宽的腰带上挂着弓囊、短剑和战斧,威风凛凛。

斯基泰人也不总是全副武装、时刻备战,闲暇时他们会穿着不连袜子的宽松的长裤,脱掉尖帽,披散着头发。第聂伯河下游的一座名为尕吉马诺夫(Gajmanova Moglia)的公元前4世纪的斯基泰贵族墓中出土过一件鎏金银杯,上面就展现了两个身着盛装、神情悠闲的斯基泰贵族面对面倚坐着闲谈的场景。目前发现的金杯大多只出现在斯基泰高等级贵族的墓葬中,除了象征他们高贵的身份,还可能具有特殊的宗教含义。金杯在前面谈到的斯基泰人起源的传说中反复出现,斯基泰版本中克拉克赛斯获得了从天而降的金杯而成为了斯基泰部落的最高统治者。希腊版本中斯基泰王的腰带上也挂着金杯。

斯基泰女性的装扮则更为丰富华丽。不同年龄、不同社会地位的女性穿戴有很大差别。黑海北岸的斯基泰女性贵族通常戴着平顶或尖

鎏金银杯上倚座闲谈的斯基泰贵族

顶的毡帽，毡帽向下连着的披风将额头、两颊和脖颈全部遮住。她们既有垂在胸前的短披风，又有齐腰的长披风。毡帽和披风上缝满了圆形或方形的金饰片。斯基泰女性不常穿男性那种开衫长袄，她们习惯穿宽松的连衣长袖长裙，连衣裙下再套一条半身拖地长裙。半身裙下穿毛毡制成的没膝长袜，最后再套上短腰的平底毡靴。

乌克兰塔特加尼亚（Tatjanina Mogila）墓地中埋葬的一名斯基泰贵妇就戴着一顶尖帽，下面拖着长长的披风。尖帽和披风边缘上装饰着数百件闪闪发光的花叶形和人面形黄金箔片。她脚上穿一双短腰的平底毡靴，边缘也缝制着花叶形的金箔片。另一名斯基泰贵妇戴着的一顶平顶帽子，边缘缝缀着五周花叶形和圆形的金箔片，顶部也满是圆形对称装饰的金片。这两件连帽披风高贵华丽，看上去就像戴在头顶的黄金王冠。这种平顶王冠式的帽子是斯基泰部落中地位最高的女性才能佩戴的，而佩戴尖顶帽子的女性，地位要稍微低一些。

与斯基泰人同时生活在西伯利亚游牧部落的女性有一种独特的发式，她们留着高耸的发髻，上面再套上形状相似的锥形毡帽。由于发髻很高，因此她们的毡帽要比男性的尖帽高耸得多。艾米塔什博物馆收藏的一件西伯利亚出土的公元前5世纪左右的黄金带扣，被称做"树下休息的骑士"。带扣一端圆一端方，很像一个旋转九十度平放着的英文字母P。上面以透雕的工艺表现了三个人在一棵大树下休息的场景。树干两侧分别坐着一个女性和一个男性，男性左手握着缰绳，牵着左侧两匹佩戴马具的马。男性和女性的腿上侧身横躺着另一个男性，他的腿搭在那名牵马男性的腿上，头枕在左侧女性的腿上，悠闲自得。他的弓箭套挂在树干上。两个男性都穿着开衫的大衣，没有戴帽子，披散着头发。女性虽然也穿着开衫大衣，但她的头饰非常引人注目。她头顶有一个高高耸起的发髻，很像是戴

斯基泰贵族女性装束复原

着一顶平顶的圆帽,而竖起的发髻则放在圆帽的后面。

无独有偶,同样的发式在黑海以东数千公里外的阿尔泰山区也发现过。当时在那里驻牧的巴泽雷克(Pazyryk)部落的贵族妇女流行这样一种习俗:到一定年龄以后,她们会把头发剃光,带上假发。这种假发是用真人的头发编成的,盘在头上,高高的发髻里面用木棍支撑,外面包裹着毛毡制成的发套。除了假发,巴泽雷克妇女还会带一种木头制成的平顶帽子,帽子顶部有一根木棍,缠绕着假发。

1993年,俄罗斯考古学家博罗斯马克(N. V. Polosmak)曾在阿尔泰山西南部海拔2500米的乌科克高原(Ukok Plateau)上发掘过一座公元前5—前2世纪的巴泽雷克人墓葬,称为阿克—阿拉哈(Ak-Alakha)3号墓。这座墓里埋葬着一位当地游牧部落的贵族妇女。由于气候寒冷,整个棺椁都被冰封了起来。这使得死者的衣帽都保存得完好如初。这位妇女头顶的假发中和了一种黑色含碳的物质用来定型。假发上是用黑色毛毡制成的高耸发套,发套再用雕刻着羊、鹿等图案的木头支架固定在头顶,足足有63厘米高。

贵族妇女佩戴假发的习俗也发现在巴泽雷克2号墓和5号墓中。2号墓还出土过一件高73厘米的毡帽,它与乌科克女性的发套有异曲同工

阿克—阿拉哈贵族女性假发复原

第二章 斯基泰人的生活习俗

之妙。5号墓妇女头上则带着一件木制的平顶帽子，帽子顶端竖起一根木棍，上面缠绕着一根女性的发辫，这种冠帽的造型应该和上面提到的西伯利亚黄金带扣上妇女带着的冠帽一样。

这位巴泽雷克妇女的服装也很有特色，她身上盖着一条厚毛毯，边缘缝着花叶形的金箔片，这应该是她的披肩。里面贴身穿着一件黄色的齐膝丝织衬衫，衬衫的袖口、领口都用红色的毛布条缝了起来。衬衫正面长104厘米，

阿克—阿拉哈贵族女性服装

背面长112厘米。据博罗斯马克的判断，这件衬衫的原料应该来自千里之外中国战国时期的楚国。对于巴泽雷克部落而言，丝绸极其昂贵珍稀，是通过贸易从东方交换来的，价格比黄金还要昂贵。只有贵族妇女才可能使用，是地位、身份和财富的象征。这位巴泽雷克贵妇的下半身穿着一条宽大的拖地长裙。这条长裙由三块毛布缝制而成，上下两块呈红色，中间呈黄色。整条裙子长150厘米，宽110厘米。裙子上方有一条红色粗毛绳，末端分开呈多个挂穗，毛绳像腰带一样将裙子在腰间系紧。她的腿上穿着一双白色的长筒厚毡袜。毡袜高过膝盖，边缘缝着一条红毛毡剪出的最流行的植物纹样。毡袜下面脚踝的

位置也缝着一条红毛毡做装饰，袜底还有一层厚厚的红毛毡。巴泽雷克的妇女穿着这样的厚毡袜就足以保暖，而不用再穿皮靴。此外，她腰带上还挂着一个毛毡制成的精致的小袋子，里面放着一把木柄铜镜。这是她生前常用的化妆用具。

二 狩猎与战争

第二章 | 斯基泰人的生活习俗

驯马

斯基泰人是马背上的民族，他们的生活与马息息相关。无论是游牧、战争还是交通运输，都离不开马。在斯基泰人出现以前，人们将野马驯化成为家马已经历了上千年的时间。根据动物学家和考古学家的研究，家马的驯化可能最早起源于公元前 4000 年的欧亚草原西部，大概位于今天乌克兰和哈萨克斯坦西部的草原。当时驯化的马还没有用于驾车和骑乘，而是像牛羊一样，为人类提供乳制品和肉等食物。考古学家在当地遗址中发现了大量的马骨，它们的年龄都很小，表明很多马还没成年就被吃掉了。大约在公元前 2000 年前后，欧亚草原上的居民逐渐意识到马具有很强的爆发力和奔跑能力，于是发明了马车，将马用于战争和交通。乌拉尔、西亚、埃及等地出土的很多战车就是由马来驾辕的。大概又过了 800 年，在公元前 1200 年前后，游牧人逐渐掌握了马的习性，他们开始骑上马背，自由地驾驶马匹放牧、转场和战争。直到这时，马的灵活性及奔跑速度才被充分地发挥出来。随后，这种技能迅速在欧亚草原上普及开来，骑马成为了男女老少生活中习以为常的事情。

驯化马、骑马，并让它们听从人们的指挥，这并不是一件容易的事情。以高超的骑射技能著称的斯基泰人有一套娴熟的驯马技巧。

1862 年，乌克兰第聂伯河下游的切尔托姆里克（Chertomlyk）的一座公元前 4 世纪的斯基泰贵族坟冢中出土了一件鎏金银瓶。这件银瓶是古希腊工匠制作的。他们

27

在银瓶肩部锤碟出一周斯基泰人驯马的场景。随着银瓶的转动，整幅图案像连环画一样展开，向我们清楚地展示了斯基泰人驯马的过程。在第一幅画面中，三个披发的斯基泰人用套索勒住一匹马的脖子，两人在左、一人在右。这匹暴躁的马很不情愿束手就擒，它低着头，将右蹄屈起，后蹄撑住地面，向后弓着背，拼命想要挣脱套索。三个拉着绳索的斯基泰人也不轻松，他们也弓起了背，使出全身的力气要将这匹马降服。在下一幅画面中，这匹马已经被套上了笼头，一个斯基泰人站在它的前面，一手拉住缰绳，一手将它的左前蹄抬起。这是驯马很重要的一步。虽然套上了笼头，但马还是会不服管教抬起后腿踢伤人的。而将它的一条前腿抬起绑住以后，三条腿站立的马就不会抬腿踢人了。在最后一幅画面上，这匹马身上已经装好了笼头和鞍鞯，安静地站立着，一个斯基泰人正弯着腰，用绳索将它的两条前腿捆绑起来。这样做是为了防止马在吃草时偷偷跑掉。这样，一匹马就被驯服了。当然，在实际过程中，整个驯马的过程需要几周甚至几个月的

斯基泰人驯马的场景

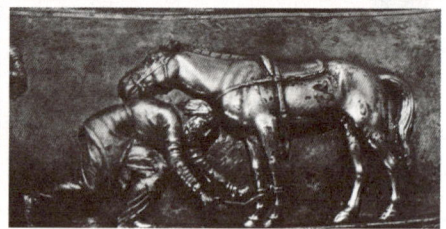

时间。这件精美的银瓶现在收藏于俄罗斯圣彼得堡艾米塔什博物馆。

斯基泰人还会把用来骑乘的马精心打扮一番。他们通常会将马的鬃毛修剪整齐，然后将马的尾巴扎起来。马尾有时在末端剪齐后扎起来，有时先像鞭子一样编起来再扎住。这样许多匹马在一起奔跑的时候，鬃毛和尾巴就不会缠绕在一起，既实用又美观。献给部落首领或君王的马通常要将它头顶的鬃毛单独扎起来。除了鬃毛和尾巴，斯基泰贵族还要在马身上装饰大量精美的动物纹金饰件。这样他们在平时出行的时候，人和坐骑身上穿戴的金器在阳光照射下就会发出金灿灿的耀眼光芒，显得十分华贵。

驯马、骑马都离不开马具，马具似乎也是古老的游牧民族发明的。马具主要包括笼头、马鞍两大部分。笼头主要用来控制马的奔跑方向，最前端的马衔横着含在马的嘴里，俗称马嚼子。马衔通常用青铜或铁制作，分为两节，中间用小环套接起来。这样设计是为了给马嘴活动留出一定空间，方便吃草。马衔两端露出面颊的部分连接着马镳，早期的马镳是用骨头和兽角制作的，后来才用青铜和铁来制作。马镳后方连接着一根皮制的勒带，向后一直绕到马的脑后，这样可以和马衔、马镳一起将马头前后固定起来。此外，还有两根勒带前后套在马下颌上。这两根勒带与连接马镳的那根垂直交叉的部分用一个名叫"节约"的部件来固定。节约是用动物骨骼、角或青铜、铁等金属制作的，多呈圆饼状，四周有四个小孔，用来穿系勒带。通过马衔、马镳、节约和勒带，就将整个马头固定起来了。缰绳的两端通常系在马衔的两端，这样在拉动缰绳的时候，笼头会控制马头做整体活动。有时人们还在马的鼻梁和前额部位的勒带上加装一块金属的护板，这在汉文典籍中称为"当卢"。有些当卢失去了原来护具的作用，只是为了美观而设计成各种样式。

马鞍的设计主要是为了人们骑马的舒适。斯基泰人的马鞍是用木

巴泽雷克墓地出土的马鞍

头和皮革制成的。马鞍前端用弓形的木头固定,称为马鞍前桥。鞍桥前端伸出一条勒带在马胸前环绕一周后系紧,另一根勒带向下勒住马腹。有的马鞍后桥向后也伸出一条勒带,将马的臀部勒紧,称为臀勒带。马鞍下通常还要铺一个垫子,以免划伤马背,这个垫子称作"鞍韂"。马鞍表面也要铺厚毛毡,让骑马的人感觉舒适。这样,马鞍便牢牢地被固定在马背上了。阿尔泰山巴泽雷克人的墓葬中就出土过许多保存完好的笼头和马鞍。

尚武

马术娴熟的斯基泰人在战场上非常的勇猛。无论是保卫领地还是入侵邻邦,战争对于斯基泰人来说是创立功绩、获得财物、奴隶、奖赏以及取得族人崇敬的最直接的方式。据希罗多德描述,斯基泰人要饮用他在战场上杀死的第一个敌人的鲜血,然后将敌人首级割下带回国王那里,就可分到一份奖赏。然后,他们会沿着耳朵环割一圈,将首级的头皮剥下。一些人把头皮揉软制成毛巾,吊在自己坐骑的马勒上;一些人将一块块头皮缝合在一起,当做外衣;还有的人将敌人右手的皮剥下,蒙覆箭箙;更有甚者,会将敌人全身的皮剥下晾干后披在马背上。对于他们最痛恨的敌人或与国王不合的族人,斯基泰人在杀死他们后会将这些头骨沿眉毛锯开,制成酒杯。如果死者是穷人,就在杯子外面包裹生牛皮；如果死者是富人，那么在包裹生牛皮之后，还要包上金箔。每当尊贵的客人上门造访时，斯基泰人就会拿出这些酒杯，讲述他击败对手的故事，以显示自己的勇武。

每年斯基泰各部落的首领都要用混酒钵调酒，凡是杀过敌人的斯基泰勇士都要喝这里面的美酒。而那些没有立过战功的人，则只能不光彩地坐在一旁，不能饮酒。这在他们看来是非常耻辱的事情。其中有些斯基泰人杀死的敌人不止一个，他们每人可以使用两个酒杯来喝酒。

斯基泰人喜欢饮酒，尤其是他们自己调制的烈性酒。他们常常喝得酩酊大醉，尽情放纵。斯巴达人的国王克列欧美涅斯曾与斯基泰人交往过密，以至于学会了饮用斯基泰人那种不调水的烈性酒，结果他发疯而惨死了。后来的斯巴达人每当想喝烈酒的时候，就说："像斯基泰人那样斟酒吧！"

俄罗斯库班（Kuban）地区一座公元前4世纪的斯基泰人墓葬中出土过一件黄金头罩，表面就锤碟出斯基泰人猎头的场景。图案上一个披散头发的斯基泰人右手握着一柄垂直扎在地上的短矛站立着，左手抓着一个人头，这个人头披发长须，可能是一个部落中很有威望的武士。这名斯基泰武士高昂着

黄金头罩上猎得人头的斯基泰青年

头，没有胡须。如此年轻的他就能够猎获敌人首级，故而表现出一副颇为得意的样子。

阿尔泰山北麓巴泽雷克 2 号坟冢的主人是一名男性，他的头部和颈部的皮都被剥去了，他的头骨上还有两个孔，是用尖嘴的战斧凿出的。他应该是在战场上被打死，又被敌人剥了头皮，后来他的族人埋葬了他的尸体。

猎头、剥头皮似乎是欧亚草原上广为流传的一种古老习俗，前面提到中亚马萨盖特部落的女王托米丽司就曾将居鲁士的首级割下，浸泡在盛满鲜血的皮囊里。

艾米塔什博物馆还收藏着一件精致的金梳子，是第聂伯河下游索洛卡（Solokha）墓葬出土的。金梳子的把手部位用圆雕的技法展现了三名斯基泰人近身厮杀的场景，中间一人骑在马背上，顶盔贯甲，左手向下拉住缰绳，战马的两只前蹄扬起。他背上横背着一面椭圆形的盾牌，右手扬起一把短矛，正要向前方的一个斯基泰人刺去。前方这个斯基泰人的战马已经死去，仰卧在一旁。这人也戴着头盔、身着战甲，左手握着月牙形的盾牌，右手握着一柄短剑，正要冲上前去作殊死搏斗。另一名斯基泰人战意正酣，他脱去了头盔，披着头发，身上也没有穿着盔甲，左手执盾，右手握一柄短剑，正从骑士身后悄悄接近，想要给他致命的一击。

斯基泰人的战争

斯基泰人能征善战、勇猛强悍，同时也是狩猎的好手。草原上的游牧民除了放牧牲畜，也以捕鱼、打猎以充生计。他们在战争中最擅长的突袭和包围的战术，可能就是在狩猎过程中领悟出来的。对他们来说，打猎也是一项考验智慧、耐性和勇敢的活动，他们觉得，不打猎，就像肉里没有盐，活着没劲。《历史》中提到斯基泰人东北部森林地带居住着玉尔卡依人（Lyrcae），他们以打猎为生。猎人通常要爬到一棵树上，坐在那里观察猎物。他们每人都有一匹马和一只狗。他们训练马将肚子贴在地上卧下，等他觉得机会成熟可以追赶猎物的时候，就从树上跳下来跨在马背上，和猎狗一起迅速冲出去。

战争在斯基泰人看来更像是大型的狩猎活动。难怪他们在入侵伊朗高原时大多劫掠各地财物和人口，却很少占地。射猎可能是他们从小便开始学习的。汉朝史家司马迁在描述蒙古高原的匈奴人时曾说，他们小的时候就能骑着羊，用弓箭射猎鸟和老鼠；稍微长大一些后，他们就能射猎狐狸和兔子；等到他们成年，各人都能弯弓射箭，成为优秀的骑兵。他们平常以畜牧和狩猎为生，形势需要的时候，人人都能披盔贯甲去侵袭掠夺。战争中形势有利就进攻，不利就后退，不觉得逃跑是可耻的事情。

前面提到的索洛卡墓葬还出土过一件鎏金银器，上面生动地再现了两幅斯基泰人狩猎的场面。其中一幅描绘了两名斯基泰人策马猎杀一只长着山羊角的母狮的场景。两个年轻的斯基泰人都披散着头发，轻装上阵。前面一人手执一柄短矛，正要向母狮刺去。母狮也抬起前爪向他扑来。后面的斯基泰人正弯弓搭箭，准备向母狮射去。另一幅题材相似，但表现得更加有趣。中间的一头雄狮前爪扑起，咬断了斯基泰人的一柄短矛。两名斯基泰猎手中，也是投掷短矛的人在前，骑射的人在后。两人马下都有一只猎狗，也一前一后扑向雄狮。这种狩猎场景表现了四名年轻的斯基泰猎手的勇猛沉着。狩猎的题材

可能取材于波斯艺术，而银器高超的工艺则出自希腊工匠之手。

1956年，考古学家在第聂伯河下游的一座斯基泰墓葬中发现了一件用人头盖骨制作的杯子。这件头盖骨杯就是沿着眉毛的位置环锯下来的，边缘没有经过修整，头骨内壁由于长期使用附着着厚厚一层残留物。

斯基泰人的狩猎场面

头盖骨杯

武器

斯基泰人擅长骑射,作战中主要有骑兵和步兵两种。他们作战的武器也是按照这种作战习惯而设计的。图像资料和文献中提到斯基泰人的武器只有弓箭、战斧、短剑和盾牌,但从出土的考古资料来看,他们的武器种类要丰富得多。进攻性武器主要有弓箭、短矛、战斧、鹤嘴锄和短剑,防御性武器有头盔、盔甲、护腿和盾牌,此外,还有战马身上披覆的盔甲。

弓箭

在运动中弯弓射箭是斯基泰人最擅长的看家本领。他们使用的弓是自己发明制作的,样式独特,弓体弯曲呈蛇形,所以也被称为"蛇形弓"或"斯基泰弓"。古罗马历史学家阿米亚努斯·玛尔塞利努斯(Ammianus Marcellinus)曾说:"虽然世界上所有民族的弓都是用可以弯曲的枝条做的,但是斯基泰人的弓,像一轮新月,两端都向里面弯曲。"弓的制作有着复杂的工艺。弓的长度在1.2米左右,弓体是用多层韧木片黏合而成,表面缠绕细细的牛筋条,用动物胶粘在弓体表面,保护并增强了弓体的弹性。弓两端挂弓弦的地方称为弓弭,多是用致密结实的牛骨、牛角制成。上下向前弯曲的部位称为弓渊,能够使弓体产生巨

斯基泰弓

大的弹力。中央向内凹用于人手抓握的地方称为弓弣。弓弣是为了加固弓体，防止弓体从中央断裂，通常也是用牛角制成。弓弦要求坚韧无弹力，防止回旋打臂，通常使用生牛皮制作。斯基泰弓上部弓渊大且长，下部弓渊小而且短。这样设计弓的造型是与他们拉弓的习惯相关的，拉弓的时候斯基泰人一手拉弦一手握弓置于头顶，然后同时向下在胸前将弓拉满，因此弓的弹力主要集中在上面宽大的弓渊上。目前，世界上一些研究传统射艺的专家和爱好者正在积极对古代遗址中出土的弓箭进行复原。香港知识产权署的谢肃芳先生复原过一件新疆吐鲁番洋海墓地的斯基泰弓，据说拉满这把弓需要大约36公斤的力量。这比东汉时期的眼镜弓和后来蒙古弓的拉力都要大。斯基泰人的弓很硬，需要高超的技巧和力量才能拉得开。这就如同希腊人对斯基泰起源的传说一样，这种弓是大力神赫拉克勒斯留下的，拉开这把弓的人后来成为了黑海北岸斯基泰人的王。这个神话可能从某种意义上说明，拉弓不仅是斯基泰人生活的写照，也是力量的象征。弓的传承在他们的生活中具有重要的意义。弓弦不能总上在弓上，需要有张有弛，在平时不用的时候要把弦松开，这样才能使弓保持弹力不变形。一把弓保养得好，可以使用几十年甚至上百年。有关上弓弦的方式，我们在前面提到的库尔—奥巴金壶上看到过，是用两条腿夹住弓的弓渊，利用腰部扭转的力量将弓弦的另一端挂在弓弣上。

斯基泰人的弓和箭是装在同一个皮制袋子里的。这种弓箭袋样式独特，同时具有弓囊和箭箙的作用，被希腊人称为"Gorytos"。它侧面呈梯形，上宽下窄，分里外两层。里层装弓，外层插箭，一个弓箭袋中通常最多可以装75支箭。弓箭袋一般是用金属或动物的骨骼和角制作的挂钩挂在腰带上，置于斯基泰战士腰部左侧。斯基泰人的箭镞也有多种类型，有用兽骨、兽角制作的，也有用青铜、铁制作的。随着时间的推移，箭镞也经历了不断改良、发展的过程。公元前7世

纪前后，青铜箭镞逐渐普及，这时的箭镞多是扁平的，侧面看像一片柳叶。有的在下端还带一根倒刺，这使它在射入人或动物的身体后很难拔出。美中不足的是，这种柳叶形的箭镞在飞行过程容

斯基泰弓箭手

易受风的影响而改变方向，偏离目标。于是到公元前5世纪的时候，一种改良的三翼箭镞开始流行。这种箭镞飞行得更加稳定，能够更精准地命中目标。与此同时，越来越多的游牧民开始用铁来打制箭镞，让箭镞更加锋利。库尔—奥巴墓葬中出土过一些装饰在斯基泰贵族身上的金饰牌，上面就锤碟出两个背靠背、弯弓搭箭的斯基泰人。他们用的就是这种蛇形弓。两个长发长须的斯基泰武士都没有戴尖帽，也没披散头发，而是在脑后各扎着一个锥形的发髻。

矛

矛也是斯基泰人常用的武器，主要是在斯基泰骑兵与敌人近身搏斗时使用。既可用于近距离投掷，也可以刺杀身旁的敌人。最常见的短矛一般长1.7米～1.8米，通常是由斯基泰人单手攥握，这与希腊、波斯步兵双手握的长矛有所不同。前面提到索洛卡墓葬出土的鎏金银壶上就有手握短矛狩猎狮子的斯基泰青年。库尔—奥巴墓葬出土的金饰牌也有表现斯基泰贵族执矛狩猎的图案。这件金饰牌只有4.6厘米

执矛狩猎的斯基泰贵族

宽，表面锤碟出一个须发浓密的斯基泰贵族骑一匹高头大马，右手持一柄短矛准备向下前方的猎物投掷的场景。他上衣表面的小圆圈应该表现了衣服上装饰的金饰牌。这个斯基泰人左手勒住缰绳，使马抬起前蹄，同时他握着短矛的右手也顺势抬了起来。这样，借助马身体向下的重力可以将短矛有力地刺下去。只有马术娴熟的斯基泰人才懂得这样使用短矛。除了短矛之外，一些斯基泰人也使用长矛，考古工作者曾在他们的墓葬中发现过长达3米的长矛。斯基泰人还使用标枪，标枪头和矛头造型不同，前面是一个长长的细杆，细杆最前面连着圆锥形的尖。标枪体积小一些，可能是为了投掷的方便。

剑

剑也是斯基泰战士近身格斗使用的武器。斯基泰人制作的剑的典型样式出现在公元前7世纪，两边剑刃平行，长60厘米～70厘米。公元前6世纪发现的剑最长1米。短剑与长剑的样式相同，长40厘米。

斯基泰人最早的两把剑分别出土于麦勒古诺夫（Melgunov）墓葬和克勒梅斯（Kelermes）墓葬，年代在公元前7世纪末至公元前6世纪初。这两把剑的样式相同，仅装饰细节不同，很可能出自同一工匠之手。剑柄和剑鞘上都包着金箔。金箔上锤碟着几何图形和成排行走的动物纹。动物纹造型都是写实的，有鹿、山羊、狮子。另外还有山羊、狮子、公牛、鱼和弓箭手混合起来的神话动物。两把剑的剑格上都展现了两个长着羽翼的神站在神树下的场景。这样的题材和场景只有在近东才见得到，制作这把铁的工匠混合了乌拉尔图、亚述和米底的宗教和艺术题材。鹿和山羊在后来都成为了斯基泰人流行的装饰题材。据学者们推测，斯基泰人从他们征服的西亚和小亚细亚经常带回一些剑来。后来斯基泰的工匠将多种剑的造型和装饰糅合在一起，制造出自己喜欢的剑来。

随着时间的推移，斯基泰人使用的剑的造型逐渐发生了变化。到公元前5世纪的时候，除了两面平行的剑刃，还出现了一种剑刃从剑尖向剑柄逐渐加宽，侧面看上去像一个细长的等腰三角形。这种设计有助于增加剑的强度，使剑刃不会在格斗中轻易折断。这时期"一"字形的剑首转变为复杂的造型，很像两个向内弯曲的触角。公元前4世纪的时候，除了双刃剑，还出现了单刃剑，同时，剑首也变为卵圆形，剑柄从之前的圆柱体演化为扁圆体，更利于人手的抓握。剑格也演化为三角形状。

克勒梅斯包金铁剑

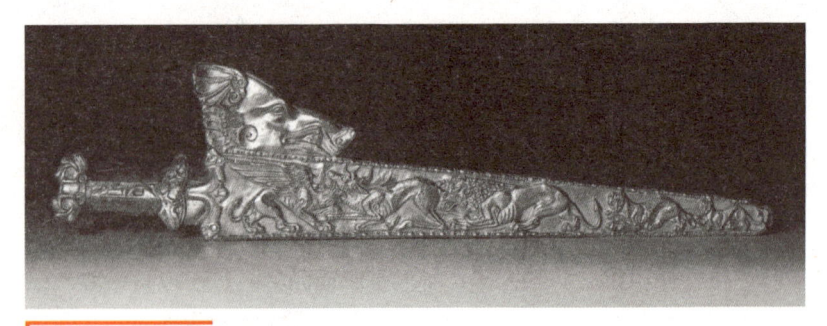

博洛泽克包金铁剑

剑鞘使用木头制作,外面裹覆着皮革和金箔。剑鞘上面的一侧有一个突出的"耳朵",方便挂在腰带的右侧。有趣的是,博洛泽克(Belozerka)墓葬里埋葬死者的木椁上面竖直插着一把剑。这把剑插得很深,从木椁顶部几乎看不到剑首。这把剑可能具有特殊的含义,所以特地放在这里。剑柄和剑鞘上都包着金箔,锤鍱着格里芬和狮子扑咬一只鹿的场景。这是斯基泰人的主题。两只豹子细长而凶狠的扑了起来。剑鞘的耳朵上表现了一只野猪。他额头上还写着希腊文"πop"。

不仅这把剑的放置位置独特,更有趣的是剑鞘上装饰的图案与公元前4世纪的库尔—奥巴墓葬的剑鞘图案如出一辙。剑鞘耳朵上的母题不同了,但下面五个动物的造型却完全一样,是用同一件模具锤鍱出来的。但是博洛泽克包金铁剑比库尔—奥巴包金铁剑短一些,因此在库尔—奥巴包金铁剑前端的动物在博洛泽克包金铁剑上并没有看到。这种现象说明了黑海北岸存在着制剑作坊或商铺。而这个作坊有可能是在博斯普鲁斯王国的首都潘提卡彭(Panticapaeum)或其他城市。

以前认为斯基泰人大部分的剑是很短的,最近的研究表明,斯基泰人还大量使用长剑,这种长剑可以在战争中大大增强骑兵劈砍的范围,既能对付步兵,也可以与敌人的骑兵拼杀。

| 第二章 | 斯基泰人的生活习俗 |

库尔—奥巴包金铁剑剑鞘

战斧

战斧是斯基泰人用于劈砍的武器。根据希罗多德的描述,属于斯基泰的中亚萨迦人习惯使用自己制作的战斧,称为撒伽利司。他们自己制作的战斧有多种样式,常见的战斧使用青铜或铁打制,前面有锋利的宽刃,上面装饰着他们喜好的动物纹图案,后面插一根木柄。高加索山脉北麓的克勒梅斯墓葬中发现过一件包金的铁制战斧。这件战斧除了铁刃以外,都包着金箔。金箔上锤碟出各种图案的动物纹。动物的种类有屈卧或站立的山羊、鹿、兔子和雪豹等。战斧顶部和把手的位置还装饰着两只站立的山羊守卫生命树的图案,这种题材源自西亚,后来被斯基泰人吸收并融入了自己的装饰艺术中。这件战斧的年代大概在公元前7—前6世纪。斯基泰人自述的起源传说中,也提到

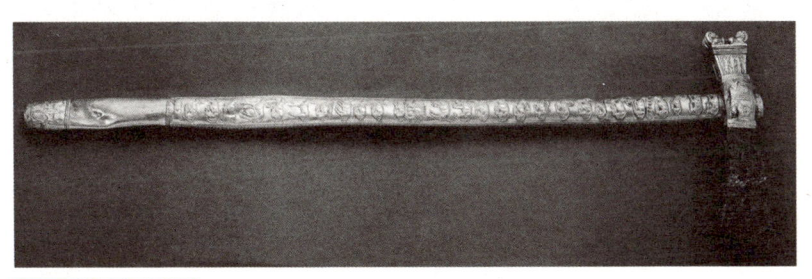

克勒梅斯包金战斧

天上掉下的黄金战斧，得到这种战斧的人后来成为了部落首领，后世的斯基泰王都要小心供奉这些神圣的物品。可见，这件铁制的包金战斧不仅是一件武器，更可能是象征王权的圣物。

勒沃诺（Lwono）墓地18号坟冢曾出土过一件公元前5世纪的青铜战斧。有着宽大的斧刃，上面装饰着一只希腊式格里芬头的圆雕。这是一柄希腊人的战斧，可能是希腊殖民城邦的馈赠，或通过贸易交换得到，当然也可能是斯基泰人劫掠而来的物品。

斯基泰人还用一种一端是尖头像锥子一样的战斧。研究者形象地称之为"鹤嘴锄"。这种战斧没有宽刃劈砍的功能，而是借助挥舞的力量向下穿刺。斯基泰人墓葬中埋葬的一些死去战士的头骨上发现有圆形或方形的穿孔，他们就是被鹤嘴锄致死的。此外斯基泰人用于殉葬的马匹，有许多也是用鹤嘴锄敲击颅骨致死的。

此外，斯基泰人使用的攻击性武器还有战锤，战锤是用金属铸造的，前端的锤体像一个圆形的蘑菇头，蘑菇头表面有许多纵向的凸棱，用来增加它的破坏性。

头盔

在这个时期的欧亚大陆，随着战事增多、文化交流的频繁，不同民族之间武器相互模仿的现象是非常普遍的。斯基泰人曾经攻伐过亚述、米底、乌拉尔图、波斯和巴比伦等西亚强国，也与黑海北岸希腊殖民城邦发生过战争。他们不仅大肆劫掠、焚毁了许多文明城市，还让当地的人民缴纳贡赋。当然，要做到这

斯基泰人使用的战锤

些，单凭骑兵的勇猛是不够的。这与草原上的战争不同，依靠突袭、围猎的方式无法轻易取得胜利。因此，斯基泰人在与西亚的战争过程中，也在积极地学习这些地方先进的武器以及对付他们骑兵和步兵作战的方法。

这方面最突出的例子是斯基泰人的防御性武器。公元前6世纪以前，斯基泰人

库班头盔

战士几乎不戴头盔，他们只穿皮毛的衣裤，戴尖顶毡帽，脚蹬皮靴。在斯基泰人进入西亚以后，他们开始制作并使用头盔。从考古的发现来看，公元前6世纪开始，高加索的斯基泰战士开始佩戴厚重、紧实的青铜头盔。由于这种头盔主要发现于库班地区的斯基泰墓葬，所以也称为"库班头盔"。

到了公元前5世纪，库班头盔逐渐被弗里吉亚式的尖帽或头罩所取代，上面覆盖着金属制作的甲片。这些甲片成行成列、相互叠压固

弗里吉亚式头盔和头罩

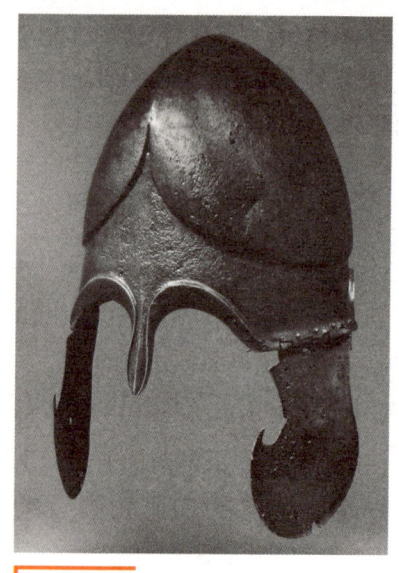

雅典式头盔

定在头盔上。头盔两侧向下，向后延展保护着面颊和颈部，但鼻梁上却没有保护措施。

与此同时，随着斯基泰人与黑海沿岸希腊殖民城邦的联系逐渐增多，许多斯基泰贵族开始佩戴希腊人制作的头盔，同时斯基泰工匠也开始模仿、改良并制作希腊样式的头盔。这些希腊头盔目前至少已发现60多顶，常见的有科林斯式（Corinthian）、哈尔基斯式（Chalcidian）和雅典式（Attic）三种。其中雅典式的头盔也是色雷斯人和希腊马其顿人常用的。希腊样式的头盔不仅可以保护头、脸颊、脖颈，还能保护鼻子。

铠甲

同样是在公元前6世纪前后，斯基泰战士开始穿着铠甲保护身体。据考古学家的研究，公元前1500年的西亚人就开始穿着铠甲，这种铠甲里面是柔软的皮革，外面布满青铜或铁制的甲片，主要用来防御剑和矛的刺戳。这种铠甲的样式很快就被进入西亚的斯基泰人学去了。他们在西亚铠甲的基础上改良出一种新的铠甲，这种铠甲片比西亚长条形的甲片小一半多，用皮绳或动物的筋腱穿缀在柔软的皮革上，这些小甲片层层叠叠，好像鱼鳞一样穿在斯基泰人的身上。因此后世的兵器专家也称这种铠甲为"鱼鳞甲"。鱼鳞甲由于甲片小，穿着铠甲的人身体活动更加灵活。同时甲片相互叠压，相当于增加了铠甲的厚度，能够更好地保护斯基泰战士的身体。刺来的矛或剑要穿过3至4

片甲片才能刺透铠甲，足见这种铠甲的坚固。有学者认为，斯基泰人有可能还发明了锁子甲。

为了在战场上保护自己的坐骑，公元前6世纪时，斯基泰人也在马额头和面颊上装上金属护板，同时在马的前胸和臀部也披上鱼鳞甲。

护腰

与铠甲同时出现的防御性武器还有护腰。这种护腰里面是皮革，外面包裹着几排青铜、铁或金、银的甲片。主要是斯基泰的步兵使用这种护腰，用于保护腰部和腹部。除护腰以外，斯基泰人也系一些窄的皮带，上面挂着剑、短剑、战斧、弓、弓箭袋、磨石和马鞭。此后，随着鱼鳞甲的普及，这种护腰越来越少，逐渐消失了。

斯基泰鱼鳞甲

胫甲

与盔甲配合使用的还有胫甲。胫甲是包裹在小腿上的防御性武器。里面也是皮革，外面包裹着金属护板。至少从公元前5世纪开始，一些斯基泰贵族就开始使用希腊样式的胫甲，这种胫甲像长筒靴一样，可以将小腿整个包裹起来，形成良好的保护。并且，胫甲内侧使用纺织物内衬，也比先前的皮革舒适得多。刻赤港附近的库尔—奥巴墓葬就出土过这样一件希腊式的鎏金铁胫甲，膝盖的位置还锤碟出希腊神话中蛇发女神的头。同时，斯基泰战士也开始穿着鱼鳞甲制成的护胫甲，有些胫甲很长，向上一直包裹在大腿上。索洛卡金梳上的骑兵就穿着这种胫甲。胫甲主要用来装备斯基泰骑兵，在冲锋时防御敌方步兵长矛和剑的戳刺。

盾牌

盾牌是斯基泰骑兵和步兵都使用的防御性武器。骑兵用的盾牌宽大而厚重，通常是长方形或椭圆形的，可以很好地防护整个上半身。步兵用的盾牌要小一些，多为圆角方形或月牙形。常见的斯基泰盾牌是用柳条枝、皮革和毛绳编成的，轻巧结实。还有的盾牌里面是木头，外面缝缀着成行成列的铁甲片。一些斯基泰贵族也使用整块铁皮包裹的木盾牌。盾牌的背面通常有两个竖向的环，用于抓握。索洛卡金梳上的三个斯基泰人分别拿着三种不同样式的盾牌。骑兵用的是一个椭圆形的大盾牌，表面覆盖着鱼鳞甲片。骑兵面前的一人用的是月牙形的柳条编织的小盾牌，这种盾牌上面凹陷的缺口是为方便观察敌人而专门设计的，这个缺口也可以在冲锋时架起矛一起使用。骑兵后面的一人拿着一张圆角方形的小盾牌，盾牌表面是用整块金属板包裹的。

与对待其他武器和马具一样，斯基泰人也非常重视对盾牌的装饰。贵族通常会在盾牌的表面中央的位置装饰动物纹饰牌。库班的阔斯托罗姆斯卡（Kostromskaya）和克勒梅斯这两座斯基泰早期贵族墓葬中

| 第二章 | 斯基泰人的生活习俗 |

斯基泰盾牌上的动物纹图案

都出土过直径超过30厘米的动物纹饰牌。前者的盾牌上装饰着一只鹿，后者装饰着一只豹子。这种传统一直被斯基泰人继承下来。晚期托勒斯塔（Tolstaya Mogila）墓葬出土的盾牌上装饰着鱼的图案，而库尔—奥巴盾牌上装饰着一只金鹿。

同时期的盾牌实物，我们可以在阿尔泰山的冻土墓中看到。巴泽雷克1号墓中出土过一张长方形的大盾牌，是用35根柳条平行穿在皮革上编成的。盾牌表面的皮革编成折线形的几何纹样，柳条上也着色，红黄相间，色彩鲜艳。盾牌上面还有一根皮绳，可以挂着也可以背着，就像索洛卡金梳上斯基泰骑士的那张盾牌一样。阿克—阿拉哈墓地出土过一张长方形的木制盾牌。它是用一整张厚木板做成的，表面平行凿刻出多道竖向的凸棱，似乎是在模仿柳条编织的盾牌。

阿尔泰山游牧人使用的盾牌

47

尽管斯基泰贵族墓葬中发现了大量来自希腊、西亚的武器，多数包裹着金、银等贵金属，但是可以肯定的是，大部分斯基泰士兵使用的还是他们自己的工匠打制的兵器。制作兵器需要的铁、青铜等金属原料，一些是在当地开采，也有一些是从外面运来的。还有一些包裹着金箔、装饰华丽的武器是与黑海北岸希腊殖民城邦交换而来的。它们被用在斯基泰人重要的仪式和庆典上，并随死去的斯基泰贵族一起埋葬在坟墓当中。这些精美的武器出自技艺高超的希腊工匠之手，装饰着斯基泰人喜欢的动物纹。斯基泰人无疑开创了草原游牧民族骑兵武器装备的先河。据我们所知，除了长刀和锁子甲，几乎所有草原骑兵武器的类型和样式都在斯基泰人的墓葬中发现了。他们的武器后来传遍了欧亚大陆，在冷兵器时代的欧洲、中亚以及蒙古高原的游牧民族中广为流传。

三　黄金打造的今生来世

斯基泰人喜好、崇尚黄金，他们对黄金的使用可能超过了当时其他所有的民族。在斯基泰人看来，黄金不仅代表了拥有者的财富，很可能还象征着神圣的权力。希罗多德记述的斯基泰人起源传说就反映了他们尚金的习俗。斯基泰人自述的起源故事中，提到先祖克拉克赛斯因为顺利获取了天上掉下来的黄金锄、轭、战斧和杯子而得到了斯基泰部落所有的统治权。此后历代斯基泰王都会极其小心翼翼地保存这些神圣的金器，每年向金器奉献大量的牺牲以求上苍的恩宠。如果看守金器的人在露天睡着的话，据说他是活不过当年的。在斯基泰王克拉克赛斯对金器恭谨的供奉下，他得到了一大片土地。随后他将这片领土分隔成三个王国，分别让自己的儿子们统治，而金器则交由最大王国的国王保存。希腊人讲述的斯基泰起源传说中，大力神赫拉克勒斯与女蛇妖的小儿子斯基泰（Scythes）由于能够拉开赫拉克勒斯的弓，并佩戴上他留下的腰带而获得王位。腰带上也挂着一只黄金制作的杯子。

可能因为这个原因，斯基泰贵族们不仅佩戴着黄金的王冠、项链、耳环、手镯和戒指等各类首饰，帽子、衣襟、披风、腰带、裤子和皮靴也缀满了各式各样的金饰片，就连剑柄、剑鞘、战斧、弓箭袋、盾牌、马鞍、笼头和勒带等武器和马具上同样装饰着黄金。此外他们使用的铜镜、杯子和酒瓶等生活用品也是用黄金制作的。如果条件允许，他们会将生活中所有的物品都用黄金来制作或装饰。这些精美的黄金用具也随着斯基泰人的死去一起下葬，人们相信这样做，死者便能在冥界继续享用这些金器。坐落在黑海北岸的大型斯基泰坟冢向我们充分展示了他们的奢华。

首饰与服装

坐落在乌克兰南部赫尔松（Kherson）地区的奥古兹（Oguz）坟冢中埋葬着一位沉睡了2400多年的斯基泰年轻贵妇。她幸运地躲过了盗墓者疯狂的盗掘。1971年当考古工作者打开她的棺椁时，深深地被她华贵的服饰所震撼。年轻的斯基泰贵妇静静地躺在一块铺着毛毯的椁板上，她的身上和衣服上共装饰着250多件精美的金器。头顶上戴着平顶的毡帽，毡帽外缝着五层金饰条，像一顶尊贵的王冠，上面装饰着斯基泰人流行的各类动物纹。毡帽连着的长披风上缀满了方形和圆形的金饰片。希腊工匠在直径2.4厘米的圆形金饰片上锤碟出希腊神话中大力神赫拉克勒斯的头像——年轻的赫拉克勒斯披着狮子皮，狮头像头盔一样套在头顶上。贵妇的脖子上带着两条粗大的金项圈，双臂带着三支宽大的金手镯，手指上带着11枚金戒指，脚下的毡靴上也缀满了花形的金叶片。左肩下放着一柄铜镜。她的右膝略微抬起，这是有权势的斯基泰贵族男性的姿势。平顶冠帽和她拥有的如此多的

穿着华贵的斯基泰女王

黄金，种种证据都表明：她可能是当地乌克兰斯基泰部落的一位地位显赫的首领，甚至是女王。为了更好地保护这位斯基泰女王的墓葬，考古工作者已将她的棺椁整体加固，原封不动地迁到乌克兰基辅历史博物馆中保存并展示。

武器

1863年，切尔托姆里克坟冢出土了斯基泰贵族随葬品中装饰最精美的一把铁剑。这把铁剑的剑柄和剑鞘上都包裹着金箔。剑柄长15厘米，剑首上对称装饰的两个公牛头以及牛头之间的棕榈叶是典型的波斯艺术题材。剑柄把手的位置描绘了两列骑士追猎山羊、绵羊的场景，同样的图案设计在古波斯首都波斯波利斯也十分常见。

剑鞘是典型的斯基泰式，上方突出的"耳朵"上装饰着一只长着翅膀、鹰嘴狮身的格里芬扑食一只雄鹿的场面。剑鞘前端与剑格相对的地方对称装饰着两只风格化的格里芬，后面的金箔上锤碟出一幅希腊人与波斯人的战争场面。其中共有一列11个人物形象，希腊战士带着头盔，手持盾牌、矛或短剑，与手持战斧和矛的波斯军人正近身搏斗。波斯人显然不敌希腊人，手握战斧的一人已经向后仰去，身后

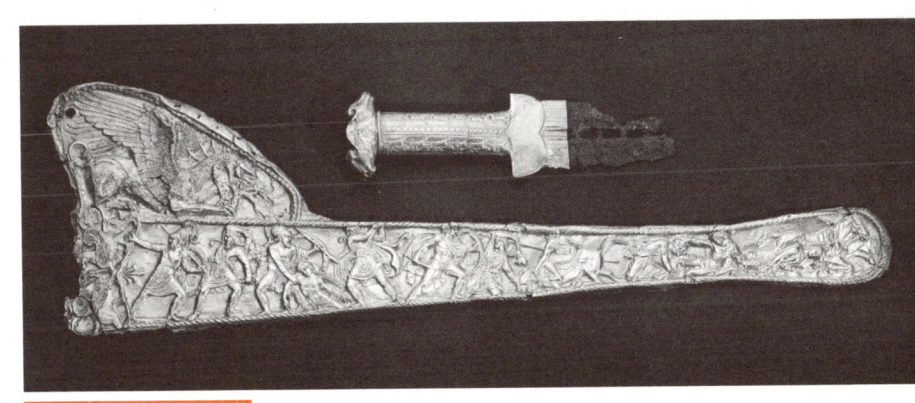

切尔托姆里克包金铁剑

一人骑着的战马也已身负重伤向前倒下,还有一个波斯人也身负重伤,被马拖着往回跑。研究者认为,这幅战争场面表现了公元前490年希腊人以少胜多击败波斯大军的马拉松战役,因为同样的题材也出现在雅典城的拱门上。剑鞘通常长54.4厘米,金箔上动物和人物的造型以及装饰手法显然出自希腊工匠之手。为什么这把剑是波斯式的,剑鞘的外形是斯基泰式的,而剑鞘上的金箔又是希腊工匠制作的呢?学者们提出了一个比较合理的解释:这把剑和剑鞘并不是在同一时期由同一个工匠制作的。这把剑来自公元前5世纪的波斯帝国,可能是波斯王室对斯基泰贵族的馈赠,也可能是通过交换获得或通过战争劫掠来的。之后,斯基泰贵族可能将这把波斯剑交给了刻赤附近希腊殖民城邦中的工匠,为它专门设计并制作了一把斯基泰式的剑鞘。剑鞘上的动物纹和希腊波斯战争的场景,也都是这个工匠设计的。

切尔托姆里克墓葬中与剑鞘一起发现的还有一件斯基泰式的弓箭袋。这件弓箭袋长46.8厘米,宽27.8厘米,表面也钉着金箔。弓箭袋边缘锤碟了斯基泰人喜好的格里芬、狮子与牛、鹿以及野猪搏斗的图案,以及希腊流行的卷草纹。中间分两排描绘了20个希腊式的人物。这件包金弓箭袋与那把剑鞘一样,都是希腊工匠设计制作的。弓箭袋中央的人物图案,据罗伯特(Robert)在1889年的研究,描绘了荷马史诗《伊利亚特》中的希腊第一勇士阿喀琉斯(Achilles)的神话故事。希腊联军的两位英雄奥德修斯(Odysseus)和狄俄墨得斯(Diomedes)为了战胜特洛伊,来到斯基洛斯(Skyros)岛寻找阿喀琉斯,希望他为希腊联军效力。阿喀琉斯本是凡人英雄佩琉斯(Peleus)与海洋女神忒提斯(Thetis)的儿子。忒提斯为了让儿子像神一样获得永生,就抓着他的脚浸泡在冥河里。结果阿喀琉斯身体上除了脚踝,其他地方都是无法伤害的。此后忒提斯接到神谕说阿喀琉斯将要战死沙场,惶恐的忒提斯为了使儿子摆脱英年早逝的命运,给他穿上了

女孩的衣服，送到斯基洛斯岛上，隐匿在利库莫德斯（Lykomedes）国王家中。但是聪明的奥德修斯还是找到了阿喀琉斯，他和狄俄墨得斯装扮成贩卖兵器的商人，来到斯基洛斯岛，

裹覆金箔的切尔托姆里克弓箭袋

当狄俄墨得斯吹起军号，阿喀琉斯再也控制不住自己，上前拿起了一把剑。此后，阿喀琉斯为希腊联军屡立战功，但被特洛伊王子帕里斯（Paris）射中脚踝而死去。

这个神话故事从弓箭袋的左上角开始，从左往右像连环画一样逐幅展开。上面一排的三幅图分别表现了年轻的腓尼克斯（Phoenix）正在手把手教授年幼的阿喀琉斯如何弯弓射箭；奥德修斯从利库莫德斯国王的女儿中认出了身着女装的阿喀琉斯；阿喀琉斯向利库莫德斯国王道别。下面一排的三幅图分别表现了利库莫德斯国王的妻子和女儿望着阿喀琉斯离去；阿喀琉斯来到特洛伊城；悲伤的忒提斯抱着儿子阿喀琉斯的骨灰罐离去。这种表现特洛伊战争题材的弓箭袋在从黑海西岸到北岸的地区都十分流行，我们不清楚斯基泰人是否明白其中神话故事的意思，但希腊工匠手下精美的画卷已足以让他们赏心悦目了。

斯基泰贵族使用金银用器的现象十分普遍，前面提到的库尔—奥巴金壶、孕吉马诺夫墓葬的鎏金银杯，都是很好的例子。

马具

斯基泰贵族也非常重视对自己坐骑的装饰。1868年扎博林（I. E. Zabelin）在乌克兰梅利托波尔（Melitopol）地区的提姆巴尔卡（Tsimbalka）坟冢中发掘出一件制作精美的金制当卢。这件当卢长41.4厘米，上面锤碟出一位斯基泰女神的形象。她头带尊贵的平顶冠帽，上面有卷曲的草叶，身穿一件希腊式的长裙，长裙下伸出六条蛇形弯曲的腿。上面两条腿的末端是两只长着山羊角的狮形格里芬头；接下来的两条腿的末端是两只鹰喙鱼鳍的格里芬头；最下面的两条腿一直向下延展，在当卢的最下端交叉缠绕在一起，末端是两只蛇头。我们前面提到希腊人流传的斯基泰人起源传说中，赫拉克勒斯与上半身是女身、下半身是蛇身的女神结合生下了斯基泰人的先祖。金制当卢上表现的可能就是这个人身蛇足的女神。

斯基泰贵族佩戴的首饰更是琳琅满目，除了金制的项圈、耳环、手镯、戒指，也流行使用红玛瑙、绿松石、蜻蜓眼玻璃等宝石来镶嵌装饰自己的首饰。斯基泰人的墓葬出土了三条宝石串珠项链。其中，两条项链分别长30.5厘米和43.5厘米，上面串着大小不同的粉红色、浅黄色、暗紫色和乳白色的珠子。串珠的材质也是多种多样，有缟玛瑙、缠丝玛瑙、红玉髓、琥珀、珍珠和蜻蜓眼玻璃。其中琥珀来自波罗的海附近，带条纹的缟玛瑙可能来自叙利亚和埃塞俄比亚，其他材料可能是来自高加索山、克里米

提姆巴尔卡金制当卢

亚半岛等地方。斯基泰贵族十分喜欢珍珠,除了用做项链的串珠,他们也用珍珠来装饰她们的衣服和头饰。最外面的一条色彩斑斓的项链是用蜻蜓眼玻璃珠串成的。制作玻璃的技术最早可能是在公元前2500年左右由地中海东岸的腓尼基人发明的,是用硅酸盐加上碱作为助熔剂烧制而成的。后来这项技术迅速在埃及和西亚传播开来。当时的玻璃都是单色的,主要用于装饰。大概在公元前15世纪的时候,人们已能够制作彩色玻璃,埃及十八王朝的陵墓中就出土过许多带有彩色斑纹的玻璃。500年后,地中海沿岸开始出现了在未完全冷却的玻璃珠表面用各色颜料点缀出同心圆图案的技术。这些同心圆看上去好像一个个透亮的蜻蜓眼睛,蜻蜓眼玻璃就是这样得名的。这条项链上串着好几种蜻蜓眼玻璃珠:有的是在橙黄色的玻璃胎体上点缀蓝白相间的圆圈,有的在浅蓝色或深蓝色的玻璃胎体上点缀蓝白相间的圆圈。串珠的形状有圆柱体的,也有球形的。

斯基泰贵族佩戴的宝石项链

四 爱桑拿浴的斯基泰人

斯基泰首领和战士尚武剽悍的性格在史诗和艺术品中表现得淋漓尽致。他们的日常游牧生活也是丰富多彩。从考古发现来看，斯基泰牧民一般生活在水草丰美的草原地带。稳定的水源和适宜的气候是部落人群和牲畜生存繁衍的基础。平时，牧民们是以氏族、家庭为单位散布在山川溪谷之中，各自占有一片草场，只有在作战和集会的时候才会大规模集结起来。相对于南方经营种植的农业文明，草原所能承载的牧民数量要少得多。牧民依赖的牲畜每天都要啃食大量的牧草，当驻地周围的牧草被吃得差不多的时候，牧民就需要赶着畜群到另一片牧场去继续放牧。这样，在一年时间里，牧户需要随着季节的变化不断迁徙。现代牧民称之为"转场"。牧民这种周期性的迁移并不是漫无目的毫无方向的。他们有固定的路线，并且只能在属于自己的草场放牧。他们平时放牧牲畜、打猎捕鱼以充生计，有时也会种植一些谷物。他们对牲畜的利用有多种方式：毛皮可以制作衣裤、武器和马具；羊毛可以剪下来擀成毛毡，缝制成厚实的衣裤靴袜，也可以搭帐篷、制壁毯、织地毯；牲畜的乳汁可以饮用或发酵制作成乳酪。

牧区生活

1972年，乌克兰第聂伯罗彼得罗夫斯克州（Dnepropetrovsk district）的托罗斯塔（Tolstaya Mogila）坟冢出土过一件工艺精湛的金项圈，重1150克，直径30.6厘米。这件项圈是希腊工匠制作的，上面共有三条透雕装饰带。最上面一条装饰带上表现了非常罕见的斯基泰人田园牧歌式的牧区生活。最中间的两个斯基泰人在缝制一件皮袄，两人都赤裸着上身,披着头发,留着浓密的胡须,穿着裤子和皮靴,一人的弓箭袋挂在上面,另一人的放在腿边。他们面对面蹲跪着,其中一人扯着皮袄的一条袖子将它拉开。这件皮袄的羊毛里子翻在外面,两人正全神贯注使用针线缝制这件皮袄。很难想象技艺高超的希腊工匠将身宽不足一厘米的斯基泰人的须发、皮袄里子上的羊毛,甚至针线都表现得惟妙惟肖。左侧斯基泰人的身后是一匹抬起后蹄挠痒的母马,它身前屈卧着一匹小马驹。接下来是一头母牛和它身下正在吸奶的小牛犊。再下来是一个没长胡须的斯基泰少年,他跪坐在地上,正在为一个盛满羊奶的安弗拉罐盖盖子。他前面依次是一只低头吃草的山羊、一只前腿屈跪的山羊、一只挠痒的小山羊和一只鸭子。另外一侧的图案大致相同:一匹小马驹在一匹母马身下吸奶;一头母牛身后屈卧着一头小牛犊;一个斯基泰少年跪坐在一只母羊的身后挤羊奶,下面放着一个接羊奶的罐子;此外还有一只前腿屈跪的山羊、一只屈卧的小山羊和一只鸽子。整幅图案主要表现了斯基泰人的日常生活和牲畜的母子亲情,完全是一幅草原上恬静宁谧的生活景象。项圈中间是一条希腊式卷草纹的装饰带。最下面的一条纹饰带则表现了一幅完全不同的场景:正中间是三组鹰头狮身、长着翅膀的格里芬正在扑食骏马。每组的两只格里芬一前一后撕咬着马匹,前面一只咬住马的脖颈,用前爪抓住马的前胸或前腿,后面一只抓咬着马的背和臀,马在痛苦中挣扎。格里芬的左侧分别表现了两头雄狮一前一后攻击一只雄鹿、一只狗追逐一只兔子以及两只蝗虫的图案;右侧的题材也很类似,分别是一头豹子和一头雄狮夹击一头野猪、一只狗追逐一只兔子和两只蝗虫的图案。这些场景主要表现了猛兽的力量与凶猛以及追逐的动感,动物的身体比例把握得恰到好处,表情、肌肉、鬃毛和羽毛也都刻画得细致入微。值得注意的是,虽然所有动物的表现手法都是希腊式的,但是格里芬扑食马的场景并不是希腊艺术的题材。在希腊艺术中，马通常是很尊贵的，不会被置于这样一个被扑食的场景下。显然，这种设计是为了迎合斯基泰人的喜好。

整个项圈上总共展现了 64 个人物和动物的形象。上下两幅场景之间的静谧与躁动、温情安详与凶猛残暴的氛围形成了鲜明的反差，充满着张力。这也是斯基泰人喜欢并要求希腊工匠特别设计的。

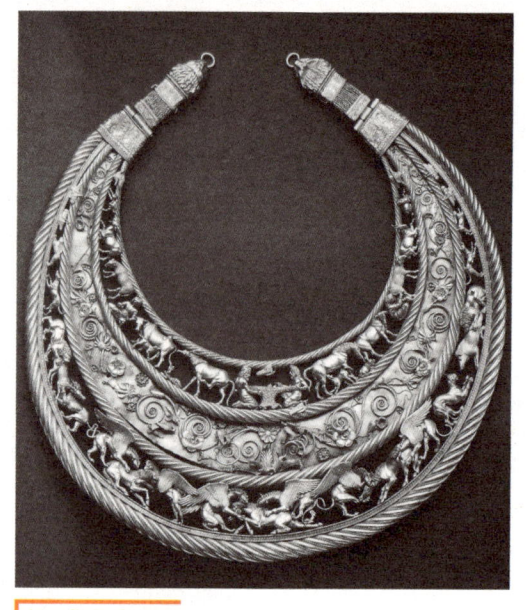

托罗斯塔金项圈

铜鍑

斯基泰人平时煮肉的锅是用青铜铸造的，称为"鍑"。铜鍑除了用做炊具也被斯基泰人用于祭祀大典。据希罗多德记述，斯基泰王阿里安塔斯（Ariantas）为了想要知道自己部落的人数，下令让每一个斯基泰人上交一枚箭镞，并威胁说如有违令就要处死。结果他收到了非常多的箭镞。心满意足的阿里安塔斯为了给后世留个纪念，让人把这些箭镞熔化并铸成一口巨大的青铜鍑。据说这口铜鍑厚度可达三指，容积有 2.4 万升。它屹立在斯基泰人的宗教中心，一个名叫埃克撒姆派欧斯（Exampaeus）的地方。

斯基泰贵族的坟墓中出土过许多这样的铜鍑。比如 1897 年乌克兰第聂伯罗彼得罗夫斯克州的拉斯卡帕纳（Raskopana Moglia）坟冢中就发现过一口铜鍑，高 47 厘米。上面像一个半球形的大钵，顶上对称竖着两只半圆形的提手，提手上各有三个乳突。下面有一个细小的喇叭口状的支圈。它可以将铜鍑支起来，在下面架火。铜鍑外面从上到下依次横向分布着三条纹饰带，最上面的一条纹饰带上均匀分布着六个图案化的牛头和六个同心圆。这种牛头的图案早在公元前5000年的西亚就已出现了，是用来表现祭祀时砍下的牛头。接下来的装饰带上是一连串正反相对的棕榈叶图案，最下面是一周之字形折线纹。这件铜鍑是公元前4世纪的产品，现在收藏于艾米塔什博物馆。

拉斯卡帕纳铜鍑

盟誓

盟誓是斯基泰人部落之间或部落居民之间举行的一项重要而神圣的活动。据说他们在缔结誓约的时候都要先把酒倒在一个陶制的大碗里，然后盟誓者用锥子或小刀在身上刺一下或划一下，把流出的血液混到酒里。随身的刀、箭、斧、矛也要浸在酒里。接着盟誓者开始庄重地诵读誓约，最后一起喝下陶碗里的血酒，象征盟誓的达成。歃血为盟是欧亚草原上广为流行的一项古老的仪式，一直流传至今。斯基泰人的这种传统仪式后来也被生动地表现在他们的装饰品上。1830年发掘的库尔—奥巴墓葬出土过一些缝制在衣服上的金饰牌，其中一件就刻画了两个蹲跪着的斯基泰人面对面、头挨着头，手里共同握着一件牛角形的杯子，正在一起饮用。金饰牌高只有4.9厘米，金箔锤碟

盟誓的斯基泰人

出高浮雕的效果，两个斯基泰人的衣纹和须发都表现得十分精致。1913年乌克兰梅利托波尔地区的索洛卡坟冢出土的方形金饰牌也表现了相同的题材。这件金饰牌的时代比库尔—奥巴墓葬早50年，边长2.5厘米，做工要逊色一些，是浅浮雕，也没有锤碟出人物的衣纹。当然，也有学者认为这些金饰牌的图案不一定表现了斯基泰人盟誓的场面，而是某种其他的仪式。场景中的角杯是斯基泰人喜好的一种饮酒器，用牛角或木头制作，有的上面包着金、银箔片。高加索山脉北麓一座公元前5世纪的斯基泰贵族墓葬中就出土过一件包金箔的角杯。它里面的有机质已经腐朽，外面的金箔是由圆筒形的三部分焊接起来的，上面像一个喇叭口，下半部分逐渐弯曲，最下面装饰着一只圆雕的绵羊头。绵羊脖颈上蜷曲的羊毛和羊角上的纹路都精细地雕刻了出来。

蒸气浴

斯基泰人洗浴的方式十分独特。据说他们从来不用水洗澡，而是流行一种特殊的蒸气浴。

在洗浴前，他们先在地面上竖起三根棍子，棍子上端聚拢绑在一起，然后在棍子上搭上毛毯，支起一个小帐篷。帐篷中间放一个深盘子，把灼热的石头放在里面。然后，斯基泰人拿着当地野生的大麻籽，爬到毛毡里，把它撒在灼热的石子上，于是，种子便冒起烟，并释放出大量的蒸气。斯基泰人觉得这种蒸气浴是任何希腊的蒸气浴都比不上的，他们常常会在蒸气中舒服地叫起来。斯基泰妇女也有一套护肤美容的方法。她们把柏树、杉树、乳香水在一块石臼里搅拌并捣碎，再和上一些水。然后将这种合成的浓稠的汁液涂抹于全身和面部，这样她们的身上不仅会有一种香水的味道，而且在第二天，当她们取下这种涂敷物的时候，她们的皮肤也变得既干净，又有光泽。

1947—1949年间，苏联考古学家鲁金科在阿尔泰山的发现证实了希罗多德的这段记述并不是荒诞离奇的传说。他在巴泽雷克墓地的2号墓葬中，发现了6根木支架，支架上还有毡毯的残片。支架旁边放着一个长方形的青铜盘，下面四角有4根圆柱状的腿，青铜盘一侧伸出一根细长的把手。这件青铜盘在发现的时候里面还残存着灼烧过的石块，周围散落着一些大麻籽。看到这些现象，眼光敏锐的鲁金科立刻意识到，这些器具并不是当地居民普通的工具；青铜盘中的石块并不是从墓坑中偶然跌落进来的；它们是一整套用于蒸气浴的工具。另外，墓葬中还出土过一件球形的铜鍑，里面也放着灼烧过的石头，下面有一个喇叭口形的圈足，两边的把手上还包着隔热的皮革。它应该和那件青铜盘一样，具有相同的功用。这个发现也丰富了对铜鍑的认识，它们除了用来煮食，还可以用做蒸气浴的工具。

巴泽雷克居民的蒸气浴工具

摔跤

考古学家发现，斯基泰人还有一些特殊的生活习俗并未载入史册。比如摔跤，是斯基泰人平时喜好的一种游戏和竞技运动，很能展现男性的阳刚和粗犷，在战场上也十分实用。1959年在乌克兰亚述海北岸的罗斯托夫州发掘的五兄弟墓是一座公元前4世纪的斯基泰贵族墓葬。墓葬主人衣服上缝缀的金饰片上就锤碟出了斯基泰人摔跤的场景：两个强壮的斯基泰人肩抵着肩，半弓着腰，双手抱住对方的后腰，都在用力想把对方摔倒。同样的题材也见于高加索山脉西北的塔曼平原（Taman Peninsula），1868年在这里发掘的波尔沙雅（Bolshaya）墓葬中出土过一尊高11.8厘米的小陶俑，工匠以圆雕的技法表现了两个裸体的青年摔跤的场面。这尊小陶俑应该是希腊工匠制作的，人物造型与制作技法与希腊雅典地区一致。因此，它可能是一件舶来品。

文身

鲁金科在他发掘的阿尔泰山巴泽雷克墓葬中，还发现当地的古代牧民流行文身的习俗。巴泽雷克2号墓埋葬的男性的双臂、前胸、后背和右腿上都发现有文身。文身的图案也是当地流行的动物造型。他左臂文着三只动物，中间一只可辨认出是当地流行的鹰嘴鹿身的格里芬怪兽。右手臂上文了六只动物，包括两只鹿形格里芬、两只老虎或狮子、一只驴和一只盘角羊。男性的前胸和左后背也有文身，但模糊不清。他右侧的小腿还文了一条鱼、四只奔跑的羊和一只格里芬。1993年博罗斯马克在阿尔泰山南麓乌科克高原发掘的阿克—阿拉哈3号墓地中，也发现男性右臂和前胸的位置文着鹿形格里芬的图案，而在墓葬下层埋葬的女性身上，也发现文身。文身同样集中在她的双臂，表现了鹿角鹰头的格里芬扑咬一只后肢翻转的公羊的图案。可见，文身是阿尔泰山古代居民无论男女都流行的一种习俗。目前我们还不知道辽阔的欧亚草原上的游牧民是否都流行这样的习俗。阿尔泰山地区的发现得益于当地高寒的气候，这使人体的皮肤、毛发都能够历经数千年却完好地保存下来。而在其他地区潮湿温暖的环境下，人体的软组织很容易朽蚀，不易保存。文身应

斯基泰人的摔跤竞技

| 第二章 | 斯基泰人的生活习俗 |

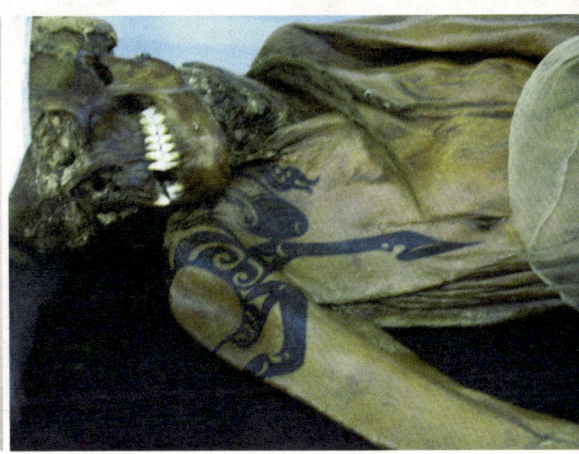

巴泽雷克居民的文身

是欧亚大陆一种古老的习俗,据一些学者的研究,文身既是一种身体装饰,也具有某种巫术或宗教的含义。一些地区的男性在成年的时候要在身上刺下文身,据说他们相信这样可以保护自己的身体不被伤害,同时也象征了他们的成年和勇武。文身也可能代表了人们的身份、地位和职业,这种鹿角鹰头的格里芬图案一般都刺在巴泽雷克部落的贵族或巫师身上。

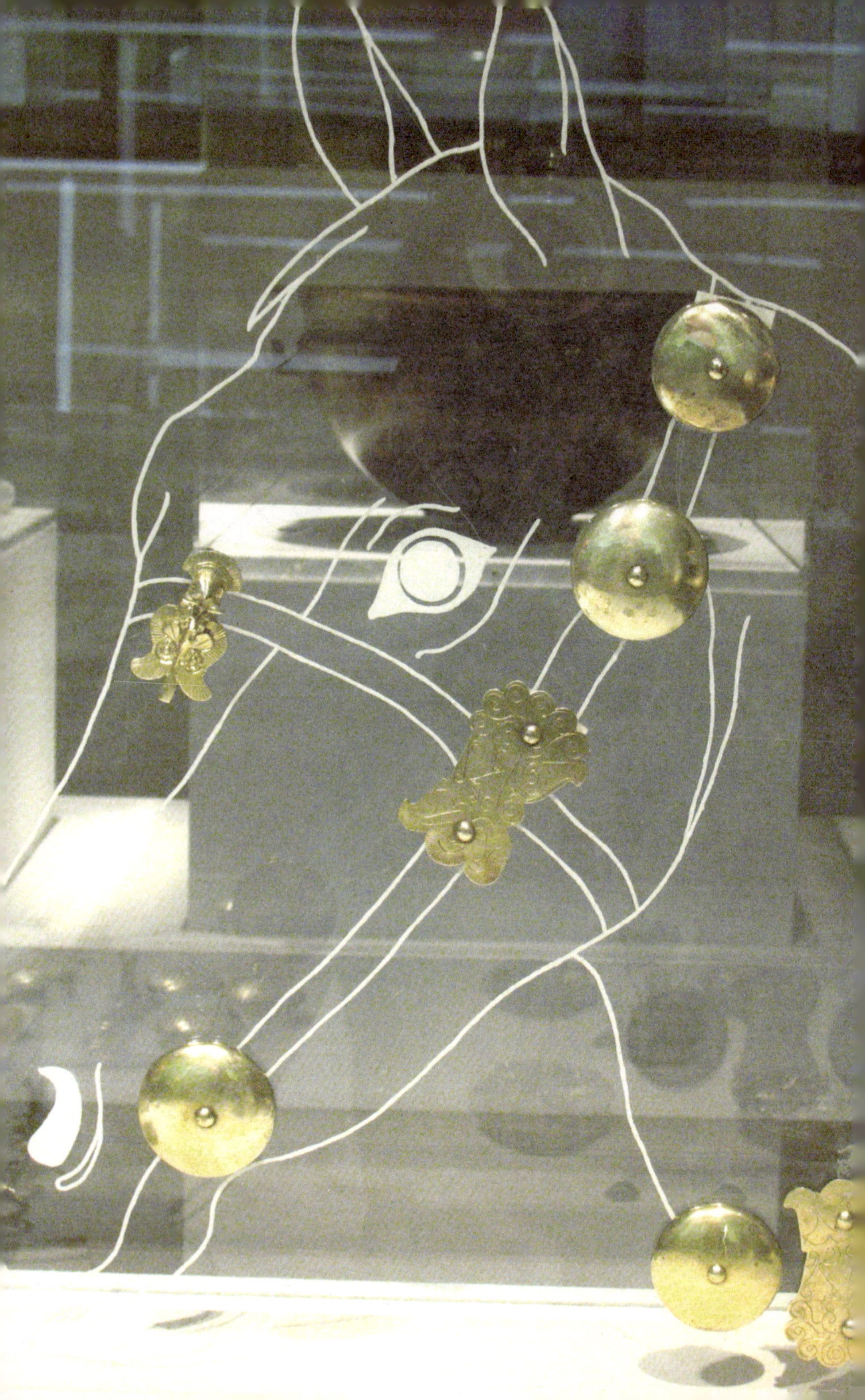

第三章

斯基泰人的葬仪、宗教与艺术

斯基泰人"视死如生",非常重视葬礼。考古学家们揭示出斯基泰人独特的埋葬习俗:他们不仅要为贵族修建高大的坟冢,殉葬大量的马匹、黄金,还要将死者尸体处理成为木乃伊,凿刻出人形雕像供族人膜拜。在与希腊人和波斯人频繁的交往中,塔比提、阿瑞斯、赫拉克勒斯这些异族的神祇也被列入斯基泰人的神谱当中,成为他们供奉、献祭的对象。与此同时,斯基泰人也形成了自己别具一格的造型艺术"动物纹风格"。

一 木乃伊与殉人

奢华的葬礼

与世界上其他许多民族一样，斯基泰人非常重视自己的葬礼，王公贵族的葬礼尤其隆重。据希罗多德记载，斯基泰的国王都埋葬在盖罗司人（Gerrhi）居住的地方。这里也是王族斯基泰人的领地。每当国王死去，斯基泰人要在墓地中挑选一块地方并挖一个方形的大坑作为墓穴。同时他们还要对国王的尸体进行处理，制作成木乃伊。方法是这样的：首先将腹部切开取出内脏，将腹腔洗干净，然后在里面填充切碎的香附、乳香、欧芹籽和大茴香籽。接着将切口缝合，在尸体周身涂抹一层蜡。尸体处理完毕后，斯基泰人便把国王的木乃伊放在车上，首先运送到王族斯基泰部落中，然后再依次运送到斯基泰的其他部落中。每到一处，当地吊唁的人们都要割掉自己耳朵的一部分，或割去一绺头发，或在手臂、前额、鼻子上划出伤痕，或用箭刺穿自己的左手，以示哀伤。见到国王遗体的人都要一路跟着灵车。在各个部落巡回之后，灵车便被拉往墓地，准备下葬。

他们先将国王的尸体平放在墓坑中的床垫上，在尸体两侧插上两列长矛，然后在上面搭上木梁形成盖板，盖板上还要覆盖一层细枝编成的席子。接下来，他们要绞死国王的一个嫔妃，把她殉葬在国王身旁，同样还要殉葬国王的行觞官、厨夫、厩夫、侍臣、传信官，以及大量马匹。墓中还要随葬大量物品，尤其以黄金的杯子最为重要，斯基泰人不用银或黄铜制作的杯子。最后，全体斯基泰人要在墓穴上方共同堆筑一个坟冢，他们拼命堆土砌石，都想把它修建得尽可能地大。

  一年以后，斯基泰人还要选出五十名国王身旁最亲信、最可靠的侍臣。这些侍臣都是国王生前挑选出来的土著斯基泰人，而不是用钱买来的奴隶，此外还要挑选五十匹最好的马，将人和马统统绞死，再将腹腔掏空、洗净，装满谷壳后缝合。接着在坟冢周围竖起许多对木桩，每对木桩上面架着半个车轮，再用一根木桩从马尸的屁股到脖子直贯而入。之后把这根穿着马尸的木桩架在车轮上。这样车轮和木桩可以将马的尸体支撑起来，马的四只蹄子悬在半空中。马的身上都要配备马衔和笼头，缰绳绑在前面的木桩上。然后，斯基泰人用同样的方法将那些侍臣的尸体穿在木桩上，然后把这根木桩垂直插在穿马的那根木桩的凹槽里，看上去，就好像他们骑在马上一样。

  普通斯基泰人去世的时候，丧葬的仪式要简单些。他们的尸体也是被放在车上，由死者最亲近的族人拉着历访他生前的好友。死者的好友也要分别款待死者的族人和其他随行人员，并为他们奉献物品。灵车一般要巡回40天后才下葬。在死者下葬以后，斯基泰人都要洗蒸气浴来清洁身体。

  斯基泰人用这样隆重的仪式来埋葬自己死去的首领和同伴，可能出自他们视死如生的观念。墓葬是死者的住所，里面殉葬的嫔妃、侍从以及随葬的各类物品也都会在另一个世界被他们继续享用。几个世纪以来，考古学家在南俄罗斯草原、中亚以及南西伯利亚发掘了大批斯基泰人的墓葬，逐一证实了古典文献中有关斯基泰人葬仪的许多内容。

  据希罗多德记载，斯基泰人的王陵位置是在盖罗司人居住的地方。这片地方有一条盖罗司河。据说这条河流是第聂伯河分出去的支流。盖罗司河还是游牧斯基泰人与王族斯基泰人的分界线。目前学者们还无法判定盖罗司河的准确位置，只知道它大概在第聂伯河下游一带。

考古学家在黑海北岸进行了大量调查与发掘工作，结果表明乌克兰第聂伯河下游是斯基泰贵族的大型墓葬集中分布的区域之一，正好印证了希罗多德的记载。

坟冢与葬具

斯基泰人的墓葬顶上都有用土或石头堆筑的坟冢。不同等级的斯基泰人的坟冢规模也不同。高等级贵族墓葬的坟冢修筑得非常宏伟，有的直径350米，高21米。低等级的斯基泰墓葬的坟冢直径只有几米，高不足1米。总体看来，从公元前7世纪到公元前4世纪，斯基泰贵族的墓葬修筑得越来越高大，与史实吻合。斯基泰人墓室的建筑结构有多种形式，其中最典型的一种就是希罗多德记载的竖穴墓，是在坟冢下方再向下掏挖一个方形或长方形的坑，然后在坑底放置棺椁。另一种常见的结构称作偏室墓，是在垂直的墓坑底部向侧面再掏挖一个坑。死者的棺椁都放在这个偏在墓坑一侧的墓室里面。成殓斯基泰尸体的葬具也有多种形式，有些是用树木的原木在墓室内搭建木椁，木椁内再放置一具木棺，一些斯基泰贵族首领的墓葬就是用这种葬具；有些是用石块砌筑墓室，也被称为石室墓；还有些低等级的斯基泰人没有任何葬具，他们的尸体被直接放在墓坑底部的沙土上。

斯基泰人部落内悬殊的等级差异不仅体现在坟冢、葬具的规模上，也体现在随葬品的多寡和精美程度上。高等级斯基泰贵族的墓葬中常常随葬大量的随葬品，尤其是以黄金制作或装饰的服装、首饰、马具、武器和各类日用器，多的可达数千件，其中还有他们钟爱的饮酒器——金杯或包金角杯。公元前4世纪以后，斯基泰贵族墓葬中经常发现从希腊殖民城邦或从西亚获得的舶来品，表明他们与外界的交流日益增多。身份卑微的普通斯基泰人通常只随葬几件日用的陶器和一些随身携带的低廉物品。有的不仅没有葬具殓尸，墓坑中也空空如也。

木乃伊

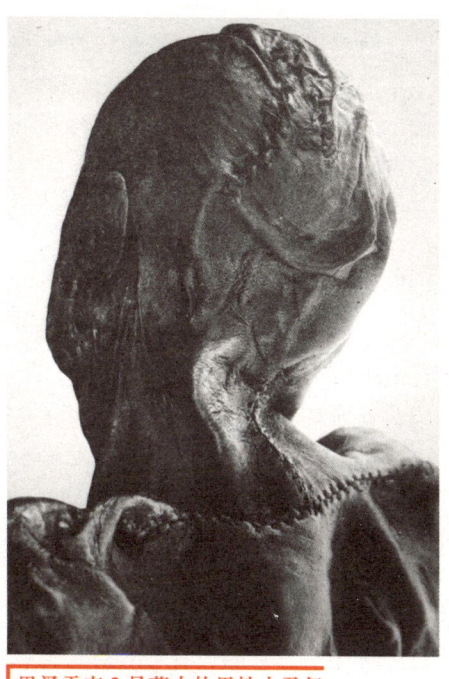

希罗多德提到的斯基泰人对死者尸体的处理方式也是有据可寻的。前文曾提到阿尔泰山北麓巴泽雷克2号墓葬的男主人在战死后曾被敌人剥去了头部和颈部的皮。他的尸体被运回来以后，族人也将他的尸体做成了木乃伊，只是方法与希罗多德的描述稍有不同。他们也是将死者的内脏掏空，洗净腹腔后填充马鬃，然后用马鬃拧成的毛线将切口缝合。同时，他们也将死者头部和肩颈位置的皮缝合了起来，因此，

巴泽雷克2号墓中的男性木乃伊

他头骨上被鹤嘴锄凿穿的两个孔也被盖住了。在阿尔泰山，人们用马鬃而不是香料或谷壳来填充死者的腹腔。这或许是当地的一种特殊习俗。这样的做法可能主要是为了能够长时间保存死者的尸体。正如希罗多德所记述的，无论斯基泰国王或平民，在他们死后他们的尸体都要被运往其他部落或朋友那里去，供他们吊唁。这个过程大约需要40天时间。在这段时间里，要保持死者的遗容，遗体不致腐败发臭，并让他们安详体面地接受众人的吊唁，走完人生最后一段旅程，把他们制成木乃伊无疑是最好的选择。

殉马与殉人

殉葬嫔妃、近臣的现象在斯基泰贵族墓葬中也十分普遍。克里米亚半岛的库尔—奥巴墓葬男主人身旁,就殉葬了一名穿着华贵的女性。南墙下还殉葬一名全副武装的侍卫和他的战马。萨彦岭阿尔赞1号王陵的木椁中,也合葬了一名老年男性和一名成年女性。椁室周围的九具木棺内盛殓了其他九位老年男性的遗骸,他们应是这位部落首领生前的近臣。

被波斯人喻为"马上弓箭手"的斯基泰人对马有着深厚的感情,几乎形影不离。他们在死后也要将马匹殉葬在自己身旁。殉葬马匹的习俗在斯基泰时期的欧亚草原十分流行,高等级的贵族墓葬,殉马的数量大得惊人。公元前8世纪的阿尔赞1号王陵,坟冢中殉葬着160多匹战马,均配备了马衔和马镳。其中男性墓主人木棺东侧殉葬的马匹可能是他生前的坐骑。库班河流域的乌尔斯卡雅1号坟冢,殉马达300匹之多;切尔托姆里克坟冢殉葬的马匹也有250匹,也都装备了马衔和笼头,有的还有鞍鞯。普通牧民的小型墓葬会殉葬一两匹马,差一点的也要随葬马具。阿尔泰山的游牧部落有着独特的殉马习俗,他们一般把装备马具的马匹埋葬在木椁的北侧。多的十几匹,少的也有一匹。巴泽雷克1号墓曾出土过10套样式不同的马具,研究者推测配备这些马具的殉马可能是不同部落送来的奠仪。

灵车篷车

《历史》中提到斯基泰人使用车来运载死者的尸体。这种车一般是用木头制作的,有四个轮子,上面有拱形或方形的顶棚,外面裹上毛毡,很像移动的帐篷。这种四轮篷车在更早的青铜时代就已经出现了。黑海北岸的斯基泰墓葬中出土过一些陶制的四轮篷车模型,有方

| 第三章 | 斯基泰人的葬仪、宗教与艺术 |

顶的,也有拱顶的,有的两侧和前面还开着小窗户。这些篷车的模型是专为死去的斯基泰人制作,用于随葬。它们并不具备实际使用的功能,也被称做明器。四轮篷车不仅是运载死者的灵车,也是斯基泰人平常游牧生活中交通、运输和居住的工具。医学之父希波克拉底(Hippocrates)也注意到斯基泰人"没有房屋,住在篷车里。轻一点的篷车是四轮的,也有些是六轮的。篷车周围都盖着毛毡,而且像房子一样,有的隔成两间,有的隔成三间。雨、雪、风都透不进去。每辆篷车套两对或三对无角犍牛,无角是因为太冷被冻掉了。妇女坐在车里,男人骑马行走"。阿尔泰山北麓的巴泽雷克5号墓的木椁外曾发现过一辆四轮篷车的实物。这辆篷车是被拆散后随葬在墓坑里的,考古学

斯基泰人随葬的四轮篷车

家在复原后发现它有方形的顶棚,顶棚的角上还挂着毛毡缝制的小天鹅。四个车轮非常高大,直径1.6米,上面镶嵌着多根辐条,车厢前连着一根车辕,车辕前端垂直连着车衡。车衡左右固定着两个车轭,它们是用来架在牲畜脖颈上起固定作用的部件。两个车辕表示这辆车是由两匹牲畜驾辕的。有趣的是,整辆车都是用木头制作的,没有一个金属部件。而且,车的前轴是死轴,无法转动,很可能它是一辆专为葬礼制作的车形明器。

石人

斯基泰人还有一些葬仪没有被载入史册。考古学家在一些斯基泰贵族坟冢的顶部发现过人形的石雕,也称作石人。这些圆雕石人多与真人大小相当,表现为站立的斯基泰武士的形象。他们的双手一般在胸前弯曲,握着一只角杯,腰带上挂着剑、战斧、弓箭袋和磨刀石。有的披散着头发,有的带着尖帽。这些斯基泰石人无论高矮胖瘦,还是表情以及头发和胡须,造型都不相同。学者们认为斯基泰石人可能是按照斯基泰贵族的体格和容貌来雕刻的,树立在坟冢的顶端以供部落成员瞻仰、膜拜和祭奠。在墓葬周围树立人形石雕的习俗是欧亚草原上一种古老的传统。青铜时代早期的南俄罗斯草原就发现过石人,

斯基泰墓葬石人

| 第三章 | 斯基泰人的葬仪、宗教与艺术

内蒙古乌拉特前旗哈拉汗沟突厥石人墓

斯基泰人以降数百年后，阿尔泰山兴起的突厥人也在墓葬东部树立石人。值得注意的是，欧亚草原上各个时期的石人之间相隔数百甚至数千年，他们虽分属不同的民族，但基本的造型却是一致的。目前的考古学资料还无法解释，这种习俗是如何在漫长的时间里被保留下来，并且被不同的民族所传承。

二 金饰牌上的神祇

早期的斯基泰人主要信奉萨满巫术,崇拜自然神和祖先神。他们进驻南俄罗斯草原之后,在与希腊殖民城邦和西亚的交流冲突中,一些希腊、西亚的神祇也被引入斯基泰人的宗教中,备受尊崇。例如希腊战神阿瑞斯(Ares)和波斯丰产女神阿娜希塔(Anahita)。

占卜与巫术

占卜与巫术在斯基泰部落中非常盛行。古典文献中提到他们部落中有许多巫师。巫师传统的占卜方法是将一束柳条摊开,摆在地上,一边念着卜辞一边再将柳条一根根捡起来。巫师中还有一些被称为埃那列埃斯的斯基泰人。前文提到,这些斯基泰人是因为洗劫了叙利亚阿斯卡隆的阿芙洛狄忒神庙而受到女神的惩罚,变成了半男半女的双性人。阿芙洛狄忒同时将占卜术传授给了他们。他们使用的占卜术与传统的方法不同,是把一块菩提树的树皮撕成三条,然后放在指间时而搓捻,时而松开,同时说出自己的预言。

据说斯基泰国王生病的时候,都会请来部落中三个最有名望的巫师来为他占卜,查找病因。这些巫师就按照上面的方式来占卜,他们会说出某个部落成员的名字,并说是因为他曾在国王的炉灶旁边发过违心的誓言(斯基泰人习惯于在国王的炉灶旁边发重誓)而导致国王生病的。于是,这个人便被立刻抓来,巫师们纷纷指责他的罪过,而他也会极力为自己辩护。接下来国王会再招来六个巫师重新占卜,如果结果一样,这个人便会被砍头,而他的财产也会被分给先前的三个巫师;如果第二批巫师认为他无罪,国王就还得召集其他巫师继续占卜下去。如果后来的巫师还是认为他无罪的话,那么第一批巫师就要被处以死刑了。

巫师的预言如果被认为是虚伪的,斯基泰人会将他们残忍地处死。他们会先准备一辆堆满薪柴的牛车,把巫师双腿绑起来,双手捆在背后,堵上他们的嘴,然后把他们塞在薪柴当中。接着,他们点着车上的薪柴,驱赶驾辕的牛。巫师常常和牛一起被燃烧的薪柴烧死,也有时车辕先被烧断,驾车的牛带着伤四散奔逃。国王要处死一个人的时候,会把他家里所有的男性都杀死,但不会伤害女性。

考古发现表明斯基泰部落中的巫师可能是由一些贵族来担任。比如在阿尔泰山的巴泽雷克部落中,贵族不仅在身上刺下鹰头鹿身的怪兽文身,还为殉葬的马匹也带上这种怪兽模样的面具。

斯基泰人对希腊习俗、宗教的态度

西迁至黑海北岸的斯基泰人,一开始十分排斥外邦,尤其是希腊的习俗和宗教。希罗多德在书中详细记述了两位着迷于希腊习俗和宗教的斯基泰贵族因为效仿希腊祭祀,与希腊人交往而被族人先后处死的事件。

一个是阿那卡尔西司(Anacharsis),据说他是斯基泰王萨乌里欧斯(Saulius)的兄弟,一个充满智慧的人。他在周游完大半个世界之后,准备返回斯基泰的领地。他乘坐的船从爱琴海向东穿过达达尼尔海峡(旧名赫勒斯庞特,Hellespont)的时候,途中到达了一个被称做库吉科司(Cyzicus)的地方。在这里他看到当地的人们正在举行盛大的庆典,祭祀诸神之母——瑞亚(Rhea)。于是他便发愿:如果自己能够安然无恙地返回家乡,他将按照库吉科司人的方式为她举行夜晚的祭祀。阿那卡尔西司回到斯基泰领地后来到长满各种树木的叙莱亚(Woodland)地区。在这里,他手里拿着小鼓,身上挂着神像,用各种奉献的仪式恭敬地祭祀瑞亚女神。后来这件事被一个斯基泰人看到并报告给了斯基泰王萨乌里欧斯。听到这一消息,半信半疑的萨乌里欧斯亲自赶往叙莱亚,在看到阿那卡尔西斯确实在祭祀希腊诸神之母——瑞亚的时候,便愤怒地将他射死了。之后,斯基泰部落都认为这是一件非常耻辱的事情,在外人问到的时候也装做不知情。

阿那卡尔西司死去多年以后,斯基泰王阿里亚佩铁司(Ariapithes)的儿子司库列斯(Scylas)也遭遇了相同的命运。

司库列斯的母亲并不是斯基泰人,而是来自希腊文化盛行的伊斯特里亚(Istria)。司库列斯从小便跟随母亲学习希腊语言和文字。后来阿里亚佩铁司死后,司库列斯便继承了王位。他的王后欧波伊亚(Opoea)是他死去父亲的王后,是个纯正的斯基泰人。成为斯基泰国王的司库列斯丝毫不满足于斯基泰人的生活方式,在他心中更向往希腊人的生活和文化。于是,司库列斯经常率领军队来到第聂伯河附近的希腊殖民城邦,下令军队和侍卫全部留在城外守候,然后独自一人进城。进城后他换上希腊人的服装,模仿希腊人的各种生活习俗,还按照希腊人的习惯来祭祀诸神。当司库列斯在这里生活了一个月或更长的时间以后,他又会重新换上斯基泰人的衣服,带领城外的斯基泰军队回去。后来去的次数多了,他甚至在城里修建了一幢豪华、宽敞的房子,房子周围都是白色大理石雕成的希腊神话动物斯芬克斯和格里芬,还娶了当地一名妇女做妻子。就这样,司库列斯隐瞒着自己族人长期过着希腊人的生活。然而,天下没有不透风的墙。有一次,正当司库列斯想要参加城里举行的酒神狄奥尼索斯狂欢仪式的时候,他看到自己的房子被闪电击中而烧毁了。沉迷于希腊文化的司库列斯全然不顾这些,依然将仪式进行到底。在斯基泰部落中,人们都认为酒神狂欢仪式会使人发狂,祭祀这样的神是不可理喻的。因此,当城里的希腊人认出参加仪式的司库列斯后,便到城外的斯基泰军队中去嘲笑他们："你们斯基泰人嘲笑我们，说我们在酒神狂欢仪式上发狂，现在这个神却降临到你们自己的国王身上了，他正被这个神弄得神魂颠倒呢。你们不信的话就跟我来，我带你们去看！"结果，斯基泰人跟随这个希腊人来到城内的塔楼上，看到了疯疯癫癫的司库列斯。他们感到非常失望与可悲，随即离开了这座城市并把这个消息告诉了所有的斯基泰人。

斯基泰人背叛了这个沉迷于希腊文化的国王，他们重新拥立司库列斯的兄弟欧克塔玛撒戴司（Octamasadas）为国王。听到这个消息后，司库列斯逃到色雷斯人那里去请求庇护。但后来，斯基泰大军抵达伊斯特里亚河的时候，并未与色雷斯人开战。可怜的司库列斯被色雷斯人作为人质交还给了斯基泰人，斯基泰王欧克塔玛撒戴司当时就砍下了司库列斯的头颅。

虽然这两位倡导希腊风俗和宗教的斯基泰先驱不幸死于族人手中，却也埋下了希望的种子。此后随着斯基泰人与黑海北岸希腊殖民城邦的往来日益增多，越来越多的斯基泰人着迷于希腊人的物品和宗教。他们用着希腊人制作的陶器，喝着希腊人酿制的葡萄酒，戴着希腊人的头盔、武器、马具、服装和首饰，甚至墓葬都是按希腊样式和工艺来建造装饰的。

斯基泰人的神谱

希罗多德在《历史》中虽然说斯基泰人严格固守自己的风俗习惯和宗教信仰，但却也说他们"只崇拜以下诸神：最尊敬的是赫斯提亚（Hestia），其次是宙斯和他的妻子盖亚（Gaea），再次是阿波罗、阿芙洛狄忒、赫拉克勒斯和阿瑞斯。所有的斯基泰人都崇拜这些神。王族斯基泰人还向波塞冬奉献牺牲。在斯基泰语中，赫斯提亚称为塔比提（Tabiti），宙斯称为帕伊欧斯（Papaeus）……盖亚称为阿比亚（Apia），阿波罗称为戈伊托叙洛司（Goetosyrus），神圣的阿芙洛狄忒称为阿格里姆帕撒（Argimpasa），波塞冬称为塔吉玛萨达斯（Thagimasadas）。除了阿瑞斯以外，斯基泰人不为其他诸神塑像、修建祭坛或神殿"。可以看出，斯基泰人崇拜的所有神祇几乎都来自希腊。但在希腊神谱中，赫斯提亚是火神或也被称为灶神，掌管着人间的火种和万民的家宅；宙斯是众神之神，奥林匹斯山上的最高统治者；盖亚是大地之神，也是众神之母，是宙斯的母亲，而不是斯基泰人所认为的宙斯的妻子。接下来还有太阳神阿波罗、象征爱情和美貌的月亮女神阿芙洛狄忒、大力神赫拉克勒斯、战神阿瑞斯和海神波塞冬。斯基泰神谱中诸神的等级次序与希腊并不相同，说明斯基泰人并不是直接照搬希腊诸神，而是按照自己的习惯作过调整。

塔比提

斯基泰人最崇敬的女神塔比提，其原型是古代伊朗雅利安女神——阿娜希塔。波斯帝国在大流士一世（Darius I）至阿塔薛西斯二世（Artaxerxes II）之间经历了从查拉图斯特教（Zarathustraism）向琐罗亚斯德教（Zoroastrianism）的过渡时期。阿娜希塔就是在这个时期被纳入波斯的神谱当中。从阿塔薛西斯二世开始，阿娜希塔的神像通常和太阳神密特拉（Mithra）的神像一起，都放在琐罗亚斯德教主神阿胡拉·马兹达（Ahura Mazda）的两旁。巴比伦、苏萨、波斯波利斯以及巴克特里亚等地的琐罗亚斯德教神殿中都发现过阿娜希塔的神像。阿娜希塔后来被引入希腊，称为赫斯提亚；引入斯基泰，称为塔比提。

据希罗多德记载，塔比提女神是斯基泰人最为崇敬的神祇，位居众神之首。据说她能够提供水源，维持草场肥沃和动物多产。居住在南乌拉尔森林草原交界地带的秃头的阿尔吉派欧伊人（Argippaei），其部族名Argippaei就被斯基泰人视为塔比提。阿尔吉派欧伊人并不制造或拥有武器,因为斯基泰人会保护他们。虽然斯基泰人并不为塔比提建神庙,但从考古发现来看,塔比提崇拜在斯基泰人中十分普遍,从黑海之滨一直到南西伯利亚都可找到证据。

斯基泰艺术中,塔比提女神有时呈现出站立的姿态,双手握着献给她的祭品——两只狮子。克里米亚半岛、库班河流域的斯基泰人坟冢出土的鎏金银镜上就有这样的图案。塔比提手握双狮的构图方式借鉴了波斯艺术的造型。波斯的印章上,就有站立的波斯王双手握狮子以示神威的场景。同时,站立或坐在椅子上的塔比提女神接见斯基泰王的题材也十分流行。这种题材也是模仿了波斯艺术的构图方式。在波斯滚筒印章上,阿娜希塔女神带着华贵的平冠帽,下面连着齐腰披风。她坐在一把椅子上,脚搭在椅子前的脚凳上,旁边站着一个侍女,前面放着波斯人琐罗亚斯德教最崇敬的圣火坛,她对面站着波斯王。

波斯印章上的阿娜希塔女神接见波斯王

整幅画面表现了君权神授的含义。这样的题材和构图方式被斯基泰人借用后,稍稍经过改动。塔比提女神手中通常拿着一柄铜镜,也戴着高贵的平顶冠帽,但肩上还披着一件厚厚的长袍。这件长袍有时搭在椅背上。女神脚下没有脚凳,面前也没有圣火坛,有时旁边也没有侍从,前来谒见的人也改成了斯基泰贵族的形象。

　　1863年乌克兰第聂伯河下游的切尔托姆里克坟冢就发现过表现塔比提女神接见斯基泰人题材的金饰牌。这些金饰牌原来是缝在衣服上的装饰品,都是用金箔锤碟出来的。画面左边坐着斯基泰崇敬的塔比提女神,身上披着一件厚厚的长袍。她左手握着一柄铜镜,在胸前举起,右手握着长袍的衣襟。塔比提女神对面站着一个带尖帽的斯基泰人,身着典型的斯基泰式衣裤,左手握在胸前,右手握着一个角杯送到嘴边。他没有胡须,可能表明他很年轻,他右腿微微抬起,这是斯基泰首领常有的姿态。金饰牌上斯基泰王的站姿也是被精心改动过的。

因为在波斯艺术中,阿娜希塔女神前面的波斯王通常双手交叉放在腹前,恭敬地站着。

　　关于这幅场景所表达的含义,学者们有多种解释:塔比提女神授予斯基泰国王王权;斯基泰国王喝下女神赐予的长生不老的液体;女神将神谕

斯基泰塔比提女神接见斯基泰贵族

传授给斯基泰青年；塔比提女神和斯基泰王神圣的婚礼，据说这样的婚礼可以保证部落的繁荣稳定和幸福平安。

斯基泰王手中握着的角杯也显示出他尊贵的身份。角杯早在公元前两千纪就出现在地中海和西亚，是一种饮器。到了希腊和波斯时期，角杯已经非常流行。有些是用牛角制作的；有些则用黄金、白银制作，末端还要装饰一个圆雕的动物头。希腊人也把这种装饰圆雕动物头的角杯称为来通（Rhyton）。角杯和来通杯使用的方式也有两种：一种是从上面的喇叭口饮用，另一种是打开下面的塞子，让液体流出。角杯或来通杯常用于重要仪式和庆典，做工精湛，只有贵族和祭祀才能持有。例如前面提到的斯基泰石人和表现盟誓的金饰牌，他们手中都握着角杯。在波斯帝国中，琐罗亚斯德教常用角杯或来通杯盛饮豪麻汁（haoma）。豪麻汁是用某种植物的根茎榨出来的汁液制成的饮料。制作豪麻汁的配方和原料是什么，学者们的看法莫衷一是。许多人认为豪麻汁里含有大麻、麻黄或者毒堇，具有麻醉、兴奋或者致幻的作用，可能与印度婆罗门教流行的苏摩酒（soma）是同一种东西。琐罗亚斯德教的教徒们将豪麻汁看做是一种神圣的饮品，他们相信喝下去之后有助于清洁体内不洁净的东西。波斯帝国第三代君王大流士一世曾在贝希斯敦铭文中提到，中亚地区生活着"崇拜豪麻的萨迦人"。萨迦人是波斯人对斯基泰人的称呼，由此我们怀疑斯基泰人可能也是用角杯或来通杯来盛饮豪麻汁。切尔托姆里克金饰牌上年轻的斯基泰王饮用的可能也是塔比提女神赐予他的豪麻汁。塔比提女神和豪麻汁可能都是斯基泰人从波斯帝国琐罗亚斯德教中吸取的元素。

另外，塔比提女神手里握着的那柄铜镜在当时的斯基泰贵族中非常流行。1948年第聂伯河下游的奥尔比阿遗址发现了许多手工业作坊，证明在公元前6—前5世纪的时候，当地就有一批希腊工匠专为斯基泰人制作这种有柄铜镜。塔比提手中的铜镜可能不是用来鉴容的普通镜子，或许还具有某种神圣的宗教含义。

乌克兰国家历史博物馆收藏着一件1901年乌克兰切尔卡瑟（Cherkasy）地区的萨克尼夫卡2号坟冢出土的金饰牌。它原是缝在斯基泰贵妇的平顶冠帽上的装饰品，在这片长36.5厘米、宽9.8厘米、重64.58克的金箔片上，工匠以锤碟的技法表现了10个斯基泰人的形象：金饰牌正中间，头戴平顶冠帽、肩披长袍的塔比提女神雍容华贵地坐在一把椅子上。宽大的长袍将她的身体、双腿全都盖着，袖子垂在椅子下面。她手中也举着一把铜镜，身后站着一名侍者，左手举着一个角杯。女神面前跪着一个斯基泰国王，他留着长而浓密的头发和胡须，右手拄着一根拐杖，左手握着一个角杯，挺起身抬起头恭敬地望着塔比提。他左侧腰间还挂着斯基泰式的弓箭袋。斯基泰王身后跪坐的一人在弹奏一把类似七弦琴的乐器，仿佛在一旁奏乐助兴。他身后跪着两个斯基泰青年。左边的这位左手高高托举着一个罐子，右手握着一个角杯；右边的这位正抱着一个希腊式的安弗拉罐给角杯里斟酒或豪麻汁。两人中间的地面上放着一个平底的托盘，里面摆放着三个小罐子或角杯。另一边塔比提侍者的身后，有两个面对面互相搂着肩膀，共饮一个牛角杯的斯基泰人。这是我们熟悉的盟誓的场景。在他们左侧也跪着两个斯基泰人，左边的这个斯基泰人赤裸着上身，双手被捆在身后，前面有一个山羊头。右边的斯基泰人右手抓着他的头发，左手握着一柄利剑，正要从身后刺入他的身体。

有学者推测，这幅场景从各个方面表现了斯基泰王君权神授、斯基泰人之间深厚的友谊、战争、生活以及对其他国家人民的征服。金饰牌最左侧表现了斯基泰人处决囚犯的场面。我们认为，整幅画面更可能表现了斯基泰王率领部族成员祭祀塔比提女神的盛大仪式。画面中除了坐着的塔比提女神和他身后站着的侍从，其他所有人都跪着，体现了这个仪式的庄重。最左侧要被杀死的斯基泰人不是囚犯，而是

从斯基泰部落中挑选出来，用于献祭的人牲。他面前的山羊头也是用来献给塔比提女神的贡品。斯基泰王身后的斯基泰人正在弹奏乐器欢庆这个仪式。最右侧的两个斯基泰青年正在为参加这个仪式的人准备美酒或豪麻汁，共饮一个角杯的两

斯基泰部落祭祀塔比提女神

名斯基泰人正在女神面前盟誓，向他们的王效忠。

　　塔比提女神崇拜在当时欧亚草原上的游牧部落中流传非常广泛。20世纪初，苏联考古学家鲁金科在阿尔泰山北麓发掘了一座巨大的坟冢——巴泽雷克5号坟冢。虽然墓室内的珍宝已被洗劫一空，但墓壁上残留挂毯的图案却让他喜出望外。这张挂毯足有4.5米×6.5米见方，上面表现一名坐在椅子上的女性手持生命树接见一位卷发的骑士。鲁金科辨认出，手持生命树的女性正是斯基泰女神塔比提。挂毯的构图与黑海北岸斯基泰金饰片的构图基本一致，只是在这里，塔比提的平顶毡帽下并没有连着长长的披风，身上也没有披着厚厚的长袍，她手中握着的铜镜也被换成了一颗枝叶繁茂的生命树。

蛇身女神

斯基泰最崇尚的塔比提女神,以及她在艺术品中的穿着、姿态,都是从波斯琐罗亚斯德教中借鉴而来的。此外,还有一个女神可能是从希腊直接引入的。这个女神上半身是女人,而下半身是蛇。前面我们提到在希腊流传的斯基泰人起源传说中,这个女神是斯基泰先祖的母亲。这个半人半蛇的女神的形象被用做一种装饰图案,在黑海沿岸斯基泰人墓葬出土的衣饰和马具上发现过多例。前文提到乌克兰梅利托波尔地区的提姆巴尔卡坟冢出土的黄金当卢上,就表现了一个半人半蛇的女神形象。有意思的是,斯基泰人似乎也接受了希腊人杜撰的这个传说,否则他们也不会使用装饰着这样题材的物品。目前还没有资料能够证明这个半人半蛇的女神在斯基泰神谱中究竟扮演了怎样的角色。有学者推测她可能也是塔比提女神,只不过是一种希腊版本的

巴泽雷克挂毯上的塔比提女神接见骑士图案

塔比提。这种造型的塔比提在斯基泰艺术中出现很早，可能在斯基泰人最初迁到黑海北岸的时候，希腊殖民城邦中的希腊人编造了这个神话并为斯基泰人制作了这个题材的装饰品。后来斯基泰人为追逐辛梅里安人入侵西亚，又从波斯宗教艺术中借鉴了阿娜希塔女神的造型。此后呈现坐姿、手握铜镜的塔比提女神形象逐渐在黑海北岸的斯基泰部落中流行开来，而半人半蛇的希腊式塔比提女神形象却越来越少，最终被取代。

祭祀牺牲的方法

斯基泰人为诸神举行祭祀仪式，奉献牺牲也有着独特的方法。据希罗多德记载，他们最常用于献祭的牺牲主要是马，其次是牛。祭祀的时候，他们将牺牲的两条前腿绑在一起，献祭的斯基泰人站在牺牲的背后，用力拉着绑在牺牲腿上的绳子，并在牺牲倒下去的时候呼喊着他们所要祭祀的神的名字。然后，他们要把一个环子套在牺牲的脖子上，环子里再插一根木棒，通过转动木棒将牺牲绞死。斯基泰人祭祀的时候不点火，也不把酒浇在地上施行灌礼，而是把牺牲绞死，剥皮之后立刻放在锅里煮肉。煮肉之前，斯基泰人会把牺牲的肉从骨头上剔出来。由于斯基泰人领地里没有木材，他们常用牺牲的骨头当柴火烧。如果没有大锅，他们就把牺牲的肉塞到它肚子里，然后在里面倒一些水，再把下面的骨头点着来烧。当肉煮熟的时候，献祭的斯基泰人就把牺牲的一块肉和内脏取出，抛在面前，表示奉献给他想要祭祀的神。

1983年，新疆伊犁哈萨克自治州新源县东北的巩乃斯河畔发现了一批精美的青铜器。这批铜器共有7件：一尊青铜武士俑、一口青铜三足大釜、一件青铜铃、一件青铜对虎相同踞伏纹饰圆环、一件青铜对飞兽相同文身圆环、一件青铜喇叭形高脚方灯以及青铜对飞天鹅。其中，三足大釜就是斯基泰人用来煮肉的大锅，前文提到过，它也称

巩乃斯河畔出土青铜釜

为镬。另外两件粗大的圆环直径都在50厘米以上，一件装饰着一对狮头、山羊角、长着翅膀的波斯式格里芬，另一件装饰着一对狮子。这两件圆环或许就是希罗多德所说的斯基泰人祭祀诸神，套在马、牛等牺牲的脖子上，用来绞杀他们的工具。此外，那件青铜喇叭形高脚方灯应该是一件盛放祭品的盘子。类似的祭盘在新疆维吾尔自治区乌鲁木齐南山阿拉沟墓地也出土过一件，高32厘米，盛盘中间有两只并排站立的格里芬。还有一种体积更大的方形盛盘，伊犁河谷的索墩布拉克墓地出土过一件，方盘边长76厘米，四角下有四个兽足，高32厘米。这种盛盘在墓葬中主要用于盛放献给死者的动物牺牲。它们同样也可能用来盛放奉献给斯基泰诸神的牺牲的肉。

这些铜器是当地兵团农场的职工为了取土烧砖，在地下1.5米深的地方挖土发现的。旁边还发现零散的红陶片、圆石、砺石和人畜残骨。发掘者推测这些物品出自一座墓葬。但是，它们被发现时墓葬已被推土机破坏，看不出形状了。铜镬、铜盘和铜环构成了一套祭祀的用品，这样的组合形式在普通墓葬中并不多见。或许，这座墓葬的主人在生前是专门从事祭祀的巫师。这样推测还有一个理由，就是这批铜器中的那件青铜武士像。

战神阿瑞斯

斯基泰人祭祀战神阿瑞斯的方式比对其他诸神都特殊。正如希罗多德所描述的，斯基泰人虽然为所有神祇奉献牺牲的方式都是一样的，但除了阿瑞斯以外，他们不为其他诸神塑像，修建祭坛或神殿。据说斯基泰人在他们自己的每一个辖区内都建造了一座供奉祭祀阿瑞斯的神殿。这种神殿是用薪柴搭建起来的方形高台，三面陡峭，只能从一面登上去。高台顶部是一个方形的平台，每年斯基泰人要拉来150车薪柴堆在上面，因为雨水会使神殿不断下沉。每座神殿顶部的平台上都会放一把铁制的短剑。这把铁剑就象征着阿瑞斯。每年斯基泰人都要向阿瑞斯奉献大量的牛、马等牲畜。牺牲的数量比奉献给其他神祇的都要多。同时，他们也会用活人献祭。斯基泰人会从他们俘获的一百名俘虏中挑选一人奉献给阿瑞斯。他们先将酒浇在这个人牲的头上，接着割开他的喉咙，让涌出的鲜血滴在下面的盘子里。之后，斯基泰人将这个盛满鲜血的盘子拿到神殿顶部的平台上，把血浇在那把铁剑上。同时，阿瑞斯神殿下面的斯基泰人要把人牲的右手和右臂切下来，抛向空中。然后，斯基泰人还要继续奉献动物牺牲，直到仪式结束后再离开。

阿瑞斯祭坛后来被考古学家们发现了，这个祭坛位于第聂伯河下游的扎波罗热（Zaporozhye）城市附近，被一群公元前4世纪的斯基泰墓葬环绕着。祭坛是用沙土堆筑而成的，并不是希罗多德所说的薪柴。祭坛顶部发现了一把公元前5世纪的铁剑，表明这个祭坛至少在墓葬之前一百年就已经建成了，而周围墓葬中埋葬的斯基泰人应该也知道这个阿瑞斯祭坛，死后也要葬在这块圣地周围。

那么，除了祭坛，斯基泰人是否也为阿瑞斯塑像呢？新疆伊犁地区的发现无疑为回答这个问题提供了重要的线索。前文提到巩乃斯河畔出土的一批用于祭祀的青铜器当中，还有一尊高40厘米的青铜武士像。这尊雕像重4公斤，神目高鼻，头戴色雷斯式的希腊头盔，上身袒露，下身着希腊式短裙，光着脚单腿蹲跪在地上。他的双手分别放在两个膝盖上，作攥握状。拳头中间有孔，手里原先握着的兵器或折断遗失，或已经腐朽。这个身着希腊装束、健壮俊美的武士雕像可能正是战神阿瑞斯。希腊艺术中保留了大量阿瑞斯的形象，他通常带着色雷斯式的头盔,一手握着短矛、一手握着盾牌。意大利佛罗伦萨考古博物馆收藏了一件公元前 570—前 560 年的希腊彩陶,上面描绘的阿瑞斯头戴希腊头盔,一手持矛,一手持盾,呈半蹲的姿态。他面前站着雅典娜,阿瑞斯身后还用希腊文写着他的名字。

1999 年 8 月,巩留县又出土了一尊阿瑞斯像,高 21.5 厘米,体积比上一件小一些。这件青铜雕像只有上半身,长着两撇胡须,比前一尊雕像显得更加沉着稳重。他身上穿着斯基泰式的开衫外套,腰间束着一条腰带。双手伸出在胸前攥握着,手里也没发现任何兵器。由于发现的时候他只有上半身,已无法判断他是蹲跪着还是站立着,又或者是骑在一匹马上。从他双手的姿势来看,原先可能也攥着矛和盾,或者是握着缰绳。

伊犁出土青铜武士雕像

赫拉克勒斯

从考古资料来看,斯基泰人可能也崇拜大力神赫拉克勒斯。前文提到乌克兰南部赫尔松地区的奥古兹坟冢埋葬的斯基泰女王身上,就装饰着身披狮子皮的赫拉克勒斯题材的金饰牌。同样的题材在同时期第聂伯河下游的斯基泰墓葬中也发现很多。例如在 1986 年乌克兰第聂伯罗彼得罗夫斯克州的巴比纳(Babyna)坟冢中,考古学家发现过许多件鎏金银饰件,上面装饰的赫拉克勒斯或表现为英俊的青年,或表现为须发浓密、双目炯炯有神的老者。其中一件当卢上,身披狮子皮的赫拉克勒斯一手插腰，一手扶着狼牙棒，威风凛凛，另一件圆形饰牌上，年轻的赫拉克勒斯用双腿夹住一只三头狗，双手用力拽着绳子要把它牵走，他的狼牙棒和狮皮披风放在身后。制服并带回冥界的三头狗——刻耳柏洛斯（Cerberus），是希腊神话中赫拉克勒斯为国王欧律斯透斯（Eurystheus）

雕有赫拉克勒斯神像的装饰品

完成的第十二项功绩。还有一件银饰牌表现了赫拉克勒斯双手勒住一头雄狮的脖子。这是希腊神话中赫拉克勒斯的第一项功绩：剥下涅墨亚（Nemea）森林中一只巨狮的皮。这些精美的鎏金银器都出自希腊工匠之手。

斯基泰人对赫拉克勒斯的崇拜可能出于多种原因，一是力大无穷的赫拉克勒斯深得尚武剽悍的斯基泰人崇敬，就如同战神阿瑞斯一样；二是赫拉克勒斯在希腊传说中是斯基泰人先祖的父亲。

其他神祇

公元前5世纪以后，越来越多的希腊神祇和神话动物形象出现在斯基泰墓葬出土的物品上，比如赫尔墨斯、迈那得斯（Maenads）、女海妖斯库拉（Scylla）、格里芬、阿里玛斯帕，等等。他们不一定是斯基泰人崇敬、祭祀的对象，但却是斯基泰人喜欢的艺术题材。巴比纳坟冢出土的一件圆形银饰牌上表现了女海妖斯库拉的形象。传说斯库拉长着6个头、11条腿和猫的尾巴，守候在墨西拿海峡（Strait of Messina），专吃航船上的水手，而饰牌上的斯库拉却是长着两条鱼尾。

迈那得斯是酒神狄奥尼索斯的追随者，据说在酒神祭祀仪式中她们尽情放纵地饮酒、跳舞、歌唱和奔跑，因此也被称为"酒神的狂女"。乌克兰公元前4世纪的哈伊玛诺夫（Haimanova）坟冢出土过许多件表现迈那得斯形象的金饰牌。其中一件高4.6厘米，迈那得斯手里握着象征狄奥尼索斯的节杖，衣裙和狐狸皮披风在风中飘摆。斯基泰人喜欢饮酒，他们的首领司库列斯也在酒神节上放纵狂饮，这或许是他们喜好迈那得斯题材的原因。

克里米亚半岛刻赤港附近的斯基泰墓葬中发现过一枚公元前5世纪的印章金戒指。这枚戒指上表现了希腊神话中赫尔墨斯的形象。赫尔墨斯在希腊神话中是一个体力充沛、多才多艺、充满智慧的神祇。他不仅发明了音阶、度量衡和各种体育项目，也是掌管商业的神。戒指上的赫尔墨斯是一个青年男性，背上长着翅膀，腰里系着腰带，正抬起右腿弯腰系鞋带。他面前树立着一根柳枝节杖。

狮身人面的斯芬克斯也是希腊神话和艺术中常见的题材，有女身和男身两种。女身的斯芬克斯在威尔库克（Velkyka）墓地出土过一件，是一枚耳环的黄金挂坠，高3.2厘米，重6.13克。斯芬克斯的头发、羽翼和狮身的肌肉都精细地雕刻了出来，上面还镶嵌着绿松石的颗粒。男身的斯芬克斯发现于公元前4世纪的拜尔迪安坟冢，是一件高2.4厘米，

斯库拉圆形银饰牌和迈那得斯金饰牌

第三章 | 斯基泰人的葬仪、宗教与艺术

宽 2.8 厘米的黄金饰牌。希腊神话中，斯芬克斯坐在底比斯（Thebes）附近的悬崖上，专门问路人一个经典的谜题，猜对的才允许通过，后来因为俄狄浦斯揭开了它的谜题而跳崖自杀。

赫尔墨斯印章金戒指和斯芬克斯挂坠

希腊艺术中，斯芬克斯也是智慧和知识的象征。

阿里玛斯帕与格里芬

公元前 7 世纪寻访中亚部落的希腊诗人阿里斯铁阿斯曾创作长篇叙事诗《阿里玛斯帕》，其中提到看守黄金宝藏的格里芬人曾经和富有马匹的阿里玛斯帕人发生冲突。这件事后来被希罗多德创作的《历史》引用。阿里玛斯帕，也被研究者译为"独目人"或"孤独的守望者"。这个故事后来进入希腊神话，希腊艺术家常以此为题材创作艺术品，随后也成为斯基泰贵族喜好的装饰题材之一。圣彼得堡艾米塔什博物馆里收藏着一件 1864 年出土的金饰牌。这件金饰牌出自高加索山脉西北部塔曼平原的博尔沙雅·博里兹尼查一座公元前 4 世纪的斯基泰贵族墓葬。金饰牌上每一个形象都用锤碟的方式制作出高浮雕的艺术效果，并用别针一一固定在金冠上，冠上组合的黄金浮雕多达 30 片。金冠下缘用几何纹和玫瑰纹镶边，花纹当中还镶嵌有蓝色珐琅;金冠上缘用鹅卵纹和镖头纹镶边。主题图案为连环画式希腊神话故事,正中间是鹰嘴狮身、长着翅膀的格里芬,它左右两侧分别表现了同样造型的格里芬扑咬男青年的场面。右边的一组画面中,男青年头戴斯基泰式尖帽,身穿开衫外套和长裤,已快被格里芬扑倒。他一手撑着地,一手挥舞短剑,准备和格里芬拼死一搏。左边一组画面中的男青年姿态与右边的基本一致,只是他的右手没有握剑,而是掐住了格里芬的脖子。在这幅场景中,希腊工匠将阿里玛斯帕人表现为斯基泰装扮的男青年形象。格里芬是希腊神话中一种鹰嘴狮身、长有羽翼的怪兽,最早源于公元前3000年的两河流域,描绘它的题材在西亚、希腊的艺术品中非常流行,但古典史诗和出土文书并没有记述太多关于它的故事。尽管如此,斯基泰人似乎非常喜欢这种神兽,无论武器、首饰、服饰或其他日用品,几乎都能见到格里芬的影子。

1991—1992年发掘的索博勒夫(Soboleva)墓葬中埋葬着一位公元前

阿里玛斯帕人大战格里芬金饰牌

4世纪去世的斯基泰贵族,他身边摆放着一件装饰极其精美的弓箭袋。弓箭袋早已腐朽殆尽,但是上面钉着的大量金饰片却保留了下来。其中一件非常独特,表现了一个长着翅膀和尾巴的男子双手各抓着一只格里芬的场面。这个男子披着头发,长着胡须,眼睛大的夸张。他的双脚像鹰的利爪抓在格里芬的背上。他脚下的两只格里芬也很独特,下半身被表现为鱼的尾巴。我们怀疑这件金饰牌所表现的也是阿里玛斯帕人大战格里芬的题材,男子大大的眼

阿里玛斯帕人抓住格里芬金饰片

睛可能是艺术家专门为突出阿里玛斯帕人"独目"的特征而专门设计的。他身上的羽毛、翅膀和鸟尾可能也是艺术家根据希腊史家的描述而创作的。希罗多德曾说斯基泰人、格里芬人和阿里玛斯帕人等部族所居住的地方极其寒冷,空中飘着羽毛一样的大雪。

三 草原民族的动物艺术

生活在森林、草原地带的斯基泰人勇武强悍、热爱自由。在长期的游牧和狩猎活动中，他们非常熟悉各种动物的习性和它们在大自然中的生存法则。于是斯基泰艺术家以这许多动物为题材，创作了他们自己独特的艺术风格。斯基泰艺术主要表现的都是动物的形象，因而也被称为动物纹风格（animal style）。

斯基泰艺术中常见的动物有狮、虎、豹、狼、野猪和鹰等猛兽猛禽，鹿、马、牛、山羊、绵羊和兔子等食草动物，以及水鸭和天鹅等水禽和鱼。在构图方面，既有表现单体动物图案，也有表现两只或多只动物搏斗的场景。搏斗的场景常见一只猛禽或猛兽扑咬一只食草动物或水禽，也有两只猛兽或猛禽互相撕咬的场面。

动物的姿态也非常丰富。鹿、野猪、山羊等食草动物或者收起四只蹄子，屈卧在地上；或者脚尖着地，像芭蕾舞演员一样轻盈站立；或者抬起前腿呈跳跃、奔跑的姿势。狮、虎等猛兽通常与其他动物成对、成组出现，单体出现的少一些，或排成一列向前行走，或趴卧，或抬起前爪作扑咬的姿势。豹子还有一种独特的姿势，就是将身体蜷曲呈圆形。西伯利亚地区还有一种独特的动物造型，就是动物身体后半部向上翻转180度。这种姿态多见于鹿、羊等食草动物。狮、虎等猛兽扑咬鹿、羊的时候，被扑倒的食草动物会将后肢向上翻转、踢腾、挣扎，试图摆脱猛兽的利爪。西伯利亚的动物造型似乎就是想要表现这样的场景。斯基泰艺术家最想要呈现的，似乎也是猛兽猛禽的凶猛强悍和食草动物的顽强抗争，以及征服者与奋力抵抗的被征服者之间巨大的张力。

斯基泰人的动物纹艺术风格承袭了青铜时代欧亚草原上的艺术风格，可能形成于公元前8世纪的哈萨克斯坦东部和南西伯利亚地区，之后经历了一个不断发展、演化、成熟的过程。早期的动物纹以单体动物为主，以写实的手法生动描绘了屈卧、蹄尖伫立、后肢翻转的各类动物。动物纹艺术风格形成以后，便迅速在欧亚草原传播开来。到公元前7世纪的时候，搏斗场面的动物纹图案逐渐增多。公元前6—前5世纪的时候，随着斯基泰人与波斯人文化交流的增多，许多波斯艺术元素融入斯基泰动物纹艺术当中，比如将动物的肩、臀部位的肌肉表现为圆圈和水滴状的纹样，比如波斯格里芬等神话动物题材。与此同时，大量希腊艺术元素也被斯基泰艺术所吸收，比如动物搏斗的场景、希腊式格里芬造型，还有前文提到的各类神祇。这时的动物纹逐渐趋于风格化，构图趋于程式化，动物造型趋于呆板僵硬。其中最典型的例子是格里芬，波斯的格里芬形象主要有两种：一种是鹰头狮身的格里芬，也被称为鹰形格里芬；一种是狮头、长着山羊角和翅膀的格里芬，也称为狮形格里芬。公元前两千纪的时候，格里芬形象被埃及吸收，装饰在白冠之上，象征法老至高无上的权力及埃及王朝的护佑之神，前半身都表现为老鹰的形象，后肢的兽足比较小，尾巴细长，末端呈扇形鹰尾。公元前14世纪格里芬形象传入希腊克里特岛的米诺斯文化。青铜圆雕的格里芬张大着嘴，伸着舌头，前额有一个像肉瘤一样的突起，头颈后有锯齿状的鬃毛。从公元前4世纪开始，希腊格里芬前额上的肉瘤消失，头颈后出现鱼鳍状鬃毛，同时受到波斯艺术的影响，突出表现为格里芬后肢强健的肌肉。斯基泰艺术中的格里芬造型既有希腊式的也有波斯式的。后来，阿尔泰山地区的居民还创造出一种鹰嘴、鹿角、鹿身的格里芬形象，也称为鹿形格里芬。

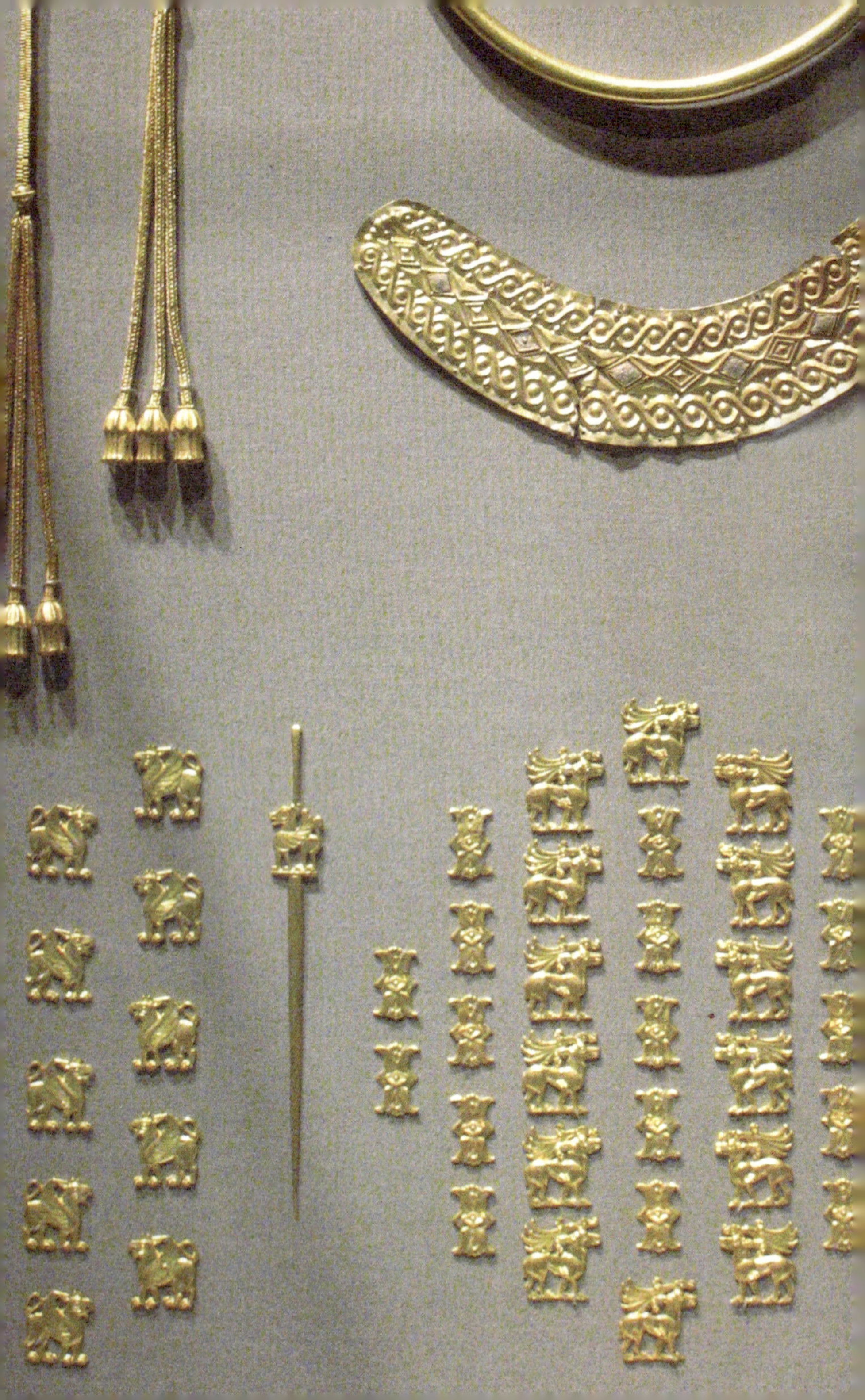

第四章

黑海北岸的斯基泰人

　　南俄罗斯草原、克里米亚半岛、北高加索地区是斯基泰人主要活动的区域。1715年彼得大帝收到一份意外的礼物，昔日草原霸主的辉煌在考古学家手下不断展现出来。从考古发现中，人们知道了无数传奇：希望一雪前耻的大流士被斯基泰人诱敌深入，斯基泰人给波斯大军送来了一只鸟、一只老鼠、一只青蛙和五支箭；黑海沿岸商埠繁盛，斯基泰人的乳酪、皮毛制品和奴隶换回了希腊人的葡萄酒和精美的金银奢侈品；乌拉尔劲敌崛起，迫使斯基泰人退守克里米亚半岛，游牧的民族开始筑城自守，学习种植蔬菜、瓜果。

| 草 | 原 | 霸 | 主 | ——欧亚草原早期游牧民族的兴衰史

一 古坟冢里的黄金宝藏

欧亚草原游牧民族神秘面纱的揭开要归功于17世纪末俄国罗曼诺夫家族的一位杰出的沙皇，他就是彼得一世（1672—1725），也被后世尊称为彼得大帝。他不仅是一名具有远见卓识的君王，推行种种西化的改革政策，使俄国迅速崛起成为欧洲强国，同时也为保护古代游牧民族古迹和古物，作出了开创性的贡献。

1715年，44岁的彼得大帝与他的第二任妻子凯瑟琳娜（Tsarina Catherine）生下皇子彼得罗维奇（Peter Petrovich）。西伯利亚矿主戴米多夫（Nikita Demidov）送来一份贺礼。当凯瑟琳娜打开礼包后立刻被眼前的礼物惊呆了。它们全是用黄金制作的，有腰带扣，有用于缝缀在衣服上的饰牌，有圆形像奖章一样的装饰品。这批黄金制品，如果单从重量来估价的话，在当时大约与10万卢布等值，算得上是一笔巨富了。这批黄金制作的珍宝，都是从西伯利亚地区古代的坟冢中盗掘出来的，后来落入了戴米多夫手中并献给沙俄宫廷的。戴米多夫是从一个铁匠起家，后来暴富成为乌拉尔一带最富有的矿主。彼得大帝喜好酗酒，戴米多夫是他酒席宴前常见的陪客，两人私交甚密。

吸引沙皇宫廷的并不是戴米多夫送上的这份奢华礼物，而是金器精湛的工艺和它上面装饰的栩栩如生的动物纹图案。尤其是那些动物惊心动魄、殊死搏斗的场面，也是他们从来没有见到过的。看到这些珍宝，彼得大帝在惊叹之后陷入深深的沮丧和忧虑。他知道，这些精美的物品属于那些古代生活在西伯利亚的贵族。同时，他还听说同样精美的物品正被源源不断地从坟冢中盗掘出来，然后被熔化掉了。随后，他立刻下令，不允许任何人再破坏、盗掘古墓。同时，之前得到的珍宝也要如数送到皇宫来。西伯利亚总督噶噶林（Matvei P. Gagrin）在接到通知后，于1715—1719年之间，将他收集到的90件金器，总重差不多27公斤，统统寄给了彼得大帝。随同这批金器他还寄去了一封信，声称沙皇的命令必须遵守，他还看准了盗墓者手里还有更多的金器。

欧亚草原上的盗墓现象由来已久，越是高大的坟冢，越能吸引盗墓者的兴趣。许多古代的坟冢刚刚建造完成就被盗掘了。盗墓的人可能是当时参与修建陵墓的人，也可能是陵墓的守卫者。17世纪末至18世纪初，西伯利亚的盗墓之风已猖獗到无以复加的程度。当时正值彼得大帝新政策的推行，各个行业，尤其是工商业在新政的激励下得以迅猛发展。这时的俄国掀起了对西伯利亚地区金、银、铜等矿藏大规模勘探、开采的热潮。当地许多尘封2000多年的坟冢被发现而惨遭盗掘。第一次世界大战期间来沙俄考察的奥地利历史学家默哈特（Gero Von Merhart）曾看到西伯利亚平原散布着一大群从事盗墓的人，这些盗墓团伙内部的严密管理就像企业一样。研究草原艺术的著名德国考古学家也提到，写着盗墓技术的手稿被西伯利亚的盗墓人世代相传，奉为宝典。盗墓人能够根据墓葬的规模来判断它们中哪些埋藏着更多的财宝，他们甚至知道这些古代的坟冢是怎么建造的，并且挖开盗洞准确地直达墓室，偷走财宝。因此，这些文物在当

彼得大帝肖像画

时西伯利亚的文物市场上有着稳定的价格。

1714年，喜好收藏的彼得大帝下令在圣彼得堡修建了一座名为"艺术房间"（Kunstkamera）的博物馆。这也是俄国最早的博物馆。戴米多夫和噶噶林呈送给沙皇宫廷的这两批珍宝就被收藏在这个博物馆里，也被后世称为"彼得大帝的西伯利亚黄金宝藏"。这批珍宝在1859年12月7日辗转运往冬宫，后来被亚历山大二世看到，在第二年又被搬进艾米塔什博物馆。从这时开始，学者们才得以研究这批藏品。1962年，列宁格勒考古学家鲁金科发表了《彼得大帝的西伯利亚藏品》一书，从此，这批精美的金器才开始被俄罗斯和世界所广泛了解。

尽管这批珍宝以其精湛的做工和独特的造型深得彼得大帝青睐，成为了沙皇宫廷欣赏、把玩的珍品，但是在18世纪的俄国，没有人知道制造、使用这些金器的人究竟是谁。后来人们发现类似的物品也出现在南俄罗斯草原。1763年，在乌克兰执行军事任务的麦勒古诺夫（Alexis Melgunov）将军对布格河（Bug River）和第聂伯河之间的古代坟冢充满了兴趣，当年他挖开了其中一座巨大的坟冢并用自己的名字为其命名——麦勒古诺夫坟冢。麦勒古诺夫将军的这一举动被认为是欧亚草原上最早以研究为目的进行的发掘。虽然他的发掘算不上科学的考古发掘，但还是幸运地从墓葬中挖出了一批精美的、装饰着动物纹样的金器，其中包括许多古希腊能工巧匠制作的物品。麦勒古诺夫将军随后把这批珍贵的文物呈送给当时执政的叶卡捷琳娜二世（1729—1769），引起了沙皇宫廷又一次轰动。

叱咤风云的叶卡捷琳娜二世与彼得一世一样，也被尊称为"大帝"，是沙俄帝国历史上仅有的两个大帝之一。她与西欧一些国家保持着广泛的外交联系。叶卡捷琳娜二世很快就把麦勒古诺夫将军的重大发现告诉了法国和德国的学者们，同时派出更多的人去发掘那些古代坟冢。据统计，当时的乌克兰就有超过10万座古代坟冢。这些早期的探险家并未辜负沙皇的期望,在随后的几十年中,他们分别在西伯利亚、南俄罗斯草原、黑海北岸和高加索山脉北麓开展调查与发掘工作,取得了巨大的收获。他们考察所收集到的丰富资料促成了当地许多博物馆的落成。例如1806年建成的尼古拉耶夫（Nikolaev）博物馆、1811年建成的费奥多西亚博物馆、1825年建成的敖德萨博物馆、1826年建成的刻赤博物馆。

随着资料的积累,学者们逐渐认识到这些早期游牧人的墓葬多数都用土石堆筑坟冢,在墓葬中殉葬马匹,随葬金属武器、陶器和金银首饰。结合古典文献,他们将这些坟冢中埋葬的人群与公元前一千纪活跃于南俄罗斯草原的斯基泰人联系起来,并从彼得大帝的西伯利亚藏品中辨识出许多相似品。1859年,俄国皇家考古委员会（the Imperial Russian Archaeological Commission）成立,学者们开始用科学、系统的考古学方法来研究这些古代坟冢。越来越多的证据表明,希罗多德记述的斯基泰人所修筑的那些宏伟、奢华的王陵的确存在。而且,这些斯基泰人还从他们所控制的商业贸易中获取了巨大的利润。

这便是斯基泰人历史和文化被重新发现的开端。在随后的两个多世纪中,通过考古学家和历史学家的努力,目前已确认早期铁器时代的欧亚草原上同时活跃着多个部族。考古学家通常使用"考古学文化"一词来指代在一定时间里,活动在特定地域的人群所生产、建造和使用的各类物品、建筑等遗迹和遗物。有些考古学文化是以历史族名来命名；有些无法与历史民族对应起来的,就用最初发现的遗址名称来命名；还有些考古学文化则是用它最突出的某个特征来命名的。欧亚草原上自西向东主要分布着：黑海北岸的斯基泰文化、伏尔加河与乌拉尔山之间的萨夫罗玛泰文化（Sauromatian culture）及其后继的萨尔马提亚文化（Sarmatian culture）、乌拉尔山以东中亚草原上的萨迦文化（Saka culture）、阿尔泰山北麓的巴泽雷克文化（Pazyryk culture）、萨彦岭西部的乌尤克文化（Uyok culture）、南西伯利亚米努辛斯克盆地的塔加尔文化（Tagar culture）、贝加尔湖周缘及其东部森林草原地带的石板墓文化（Slab culture）。

　　这些部族从公元前 8 世纪兴起之后，在随后的几个世纪里迅速扩张。他们常常为争夺优良草场而引发军事战争，相互侵伐、迁徙。同时他们也在与南方农业文明的战争与贸易中尝到了甜头，不仅为后者注入了新鲜的活力，也从后者那里汲取了大量先进的文化因素，加速了自身文明的进程，开创了欧亚草原上东西文化交流的新局面。

二、鸟、老鼠、青蛙与箭

在历史和语言学中,"斯基泰"是一个宽泛而模糊的概念,古希腊人、亚述人及波斯人自己都不清楚他们究竟分为多少部落,具体的活动范围有多大。不同时期的人们对这个概念的理解也不相同。因此,考古学家习惯将黑海北岸那些历史文献记述相对清晰、考古学证据相对充分的物质遗存称为斯基泰文化,并且按照自然地理和文化的特征把这个文化划分为南俄罗斯草原、克里米亚半岛和北高加索三个文化区。南俄罗斯草原当时居住着包括斯基泰在内的许多部族,而斯基泰人主要活动的区域是在第聂伯河下游到顿河之间。这里也是考古发现斯基泰人遗迹集中分布的区域。在希罗多德笔下,斯基泰部族并不都是骑马放牧、逐水草迁徙的游牧民,他们内部大概分为六大部落,以山川、河流为界享有各自的领地,从事不同的生产方式。以布格河下游古代希腊殖民城邦奥尔比阿(Olbia)为中心,第聂伯河西岸从南向北依次居住着卡里披达伊人(Callippidae)、阿拉佐涅斯人(Alazones)、农耕斯基泰人(Scythian tillers of land)。而在第聂伯河以东,自西向东分别是农民斯基泰(Scythian farmers)、游牧斯基泰(Nomad Scythians)和王族斯基泰部落(Royal Scythians)的领地。

斯基泰人的部落划分

南俄罗斯草原位于欧亚草原的最西端。南抵黑海和亚述海,北部是富含腐殖土的西伯利亚森林草原,西迄多瑙河,东至顿河。辽阔的草原东西绵延1000公里,南北500公里。德聂斯特河、南布格河、因古尔河、因古列茨河、第聂伯河、顿河等多支河流从南向北贯穿其中,注入黑海和亚述海。

这里河流纵横、水草丰茂,是游牧民族理想的天然牧场。在青铜时代,这里是木椁墓文化(Timber-grave culture)人群主要活动的区域。

第聂伯河西岸的卡里披达伊人是斯基泰部族下的一个兼营农业和畜牧业的部落。他们不仅和其他斯基泰人一样放牧,同时还种植和食用谷物、洋葱、大蒜、扁豆和小米。卡里披达伊人南部的希腊殖民城邦奥尔比阿,在公元前5世纪以前就已经建立,是黑海北岸斯基泰人和希腊人商贸交易的中心和各种货物的集散地。在这个港口城市,希腊人从斯基泰人那里收购谷物、鱼和奴隶,同时斯基泰人也进口希腊人生产的各类物品。卡里披达伊部落长期与奥尔比阿的希腊人为邻,他们生产的农副产品除了自己食用,可能有一部分也拿来与希腊人交换。久而久之,他们的一些生活习惯和生产方式或许都受到了希腊文化的影响,难怪希罗多德也把他们称为"希腊斯基泰人"。

卡里披达伊人北部的阿拉佐涅斯人也与他们一样是个半农半牧的斯基泰部落。所不同的是,畜牧业在他们生业中占有更大的比重。另外,公元2世纪的罗马地理学家保萨尼阿斯(Pausanias)还提到阿拉佐涅斯人还是出色的养蜂人,他们不把蜜蜂关在蜂箱里,而是让它们随着牲畜在牧场里到处采蜜。据学者们的研究,阿拉佐涅斯人大致生活在南布格河左岸与第聂伯河沿岸的高地之间。

农耕斯基泰人生活在阿拉佐涅斯人北面的森林草原地带,这里雨水充沛、土壤肥沃。斯基泰人不仅在这里放牧牲畜,还大量种植农作物,因此得名"农耕斯基泰人"。据说,农作物在这片黑土地上生长得很好、粮食产量很高,大部分用于出售。农耕斯基泰人以北还居住着涅乌里司人(Neuri),他们的生活习俗虽然与斯基泰人接近,却不属于斯基泰部族。

农民斯基泰人生活在第聂伯河东岸以北的地区,据希罗多德的记述,需要从第聂伯河下游入海口往北航行11天方可到达。他们的生业模式可能与第聂伯河对岸的农耕斯基泰人相同。希罗多德使用不同的名词来称呼他们，可能是为了与农耕斯基泰人区分开来。第聂伯河沿岸的河谷水草肥美、土地肥沃，非常适合农牧业的发展。奥尔比阿的希腊人就用第聂伯河的希腊古名，称农民斯基泰人为包律斯铁涅司人。农民斯基泰人北面的邻居是食人族（Cannibals），据说他们的装束和斯基泰人一样，也是游牧民族，但语言不同。他们不信守正义，没有法律约束，是一个吃人的野蛮民族。

农民斯基泰人的领地再往东，过了庞提卡佩司河（Panticapes river）就进入了游牧斯基泰部落的领地。据说这里除了森林地带，其他地方都是不生长树木的干旱草原。生活在这里的斯基泰人既不播种，也不耕田，而是逐水草而居，过着单纯的游牧生活，他们也因此而得名"游牧斯基泰人"。从庞提卡佩司河东行14天，就到了盖罗司河，这条河是游牧斯基泰人与王族斯基泰人的分界线。目前学者们还没有足够的证据能够说明庞提卡佩司河、盖罗司河究竟在哪里，但以苏里米尔斯基（T. Sulimirski）为代表的一批学者认为游牧斯基泰人活动的地域大致在第聂伯河下游一带。

王族斯基泰人被认为是一切斯基泰人的统治者，他们的人数最多，也最勇武。他们将所有斯基泰人都视为自己的奴隶，而他们自己是真正自由的斯基泰人。王族斯基泰人的领地广阔，向东一直延伸到顿河西岸，向南包括了克里米亚半岛以及亚述海西海岸的克列姆诺伊（Cremni）商埠。克列姆诺伊商埠大致位于今天亚述海东北角的塔甘罗格（Taganrog）港。王族斯基泰人北面还住着另一个民族——黑衣族（Melanchlaeni）。据称这个民族的成员都穿着黑色的衣服，但风俗习惯和斯基泰人是一样的。

斯基泰与波斯的战争

前文提到,斯基泰占据的南俄罗斯草原原来本是辛梅里安人的领地。斯基泰人在追击辛梅里安人的过程中翻越高加索山脉,随后又入侵米底、亚述、乌拉尔图、曼奈等王国,在西亚统治过28年之久。大流士一世对此一直耿耿于怀,在攻克巴比伦之后,他便计划进攻斯基泰人了。公元前513年左右,大流士一世首先下达命令召集各路兵马,同时在连接欧亚大陆的博斯普鲁斯海峡上搭建浮桥。对于大流士此举,波斯帝国的许多贵族和大臣表示担忧,他们纷纷恳求大流士放弃远征,但都无法说服他。随后大流士便率领波斯大军从王都苏萨出发了。他们首先来到博斯普鲁斯海峡,大流士乘船巡视了浮桥和黑海的美景。大流士奖赏了主持架桥的曼德罗克里斯(Mandrocles),在岸边树起两根白色大理石柱,分别用希腊文和亚述文铭刻下波斯军队中各个民族的名字。大流士的军队是从他统治下的各个民族那里征募过来的,海军和陆军加起来共有大约70万人,还包括600艘战船。渡过浮桥以后,波斯大军首先征服了色雷斯诸部落,随后抵达多瑙河,渡过了伊奥尼亚(Ionia,也称爱奥尼亚)人修筑的浮桥,准备进入斯基泰人的领地。渡过多瑙河之后,大流士下令伊奥尼亚人拆毁浮桥,让海军随他一起从陆上进军。这时大流士手下一名机智的将领科埃斯(Coes)立刻提醒他:"大王啊,你要进攻的国家没有一块耕地,也没有城市,请您还是把这座浮桥留下来,让修建这座桥的伊奥尼亚人去守卫它。以后无论我们遭遇斯基泰人并把他们征服,或者找不到他们,都可以从这座桥上安全撤退。"大流士随后采纳了他的建议,他拿出一条打着60个结的皮带交给伊奥尼亚的僭主,并嘱咐他们:"从我离开这里去征讨斯基泰人之日开始,你们每天揭开这条皮带上的一个结。如果结全解开了我还没有回来,你们就不用再守卫这座浮桥了,回到各自的城邦去吧。"

波斯大军压境之际，斯基泰人明白单凭自己的军队根本无法与之抗衡，于是向邻国派出使者，希望联合他们一起对抗波斯。邻国的七个部族的首领们，聚在一起商量对策，他们包括陶利人（Tauri）、阿伽杜尔索伊人（Agathyrsi）、涅乌里司人、食人族、黑衣族、布迪尼人（Budini）、盖洛诺斯人（Gelonus）、萨夫罗玛泰人（Sauromatians）。斯基泰使者赶到会场，告诉他们："波斯人在征服亚洲以后，又在博斯普鲁斯海峡上架浮桥，虽然我们当初的确入侵过他们的国家，奴役过他们的人民，但他们这次来，并不只是因为要报仇而攻打我们，他们是想要征服整个欧洲。一路上他们征服了色雷斯诸部落，自信长生不老的盖塔伊人顽强抵抗，也被征服、奴役了。让我们结成联盟，同心协力对抗我们共同的敌人吧，如果你们眼睁睁看着我们被波斯人赶走或者奴役，那么接下来，你们也不会有好日子过，波斯人绝不会对你们心慈手软！"七个部族的首领们听完这番话，表达了不同的态度。盖洛诺斯人、布迪尼人、萨夫罗玛泰人的首领同意加入斯基泰人抵抗波斯的联盟。阿伽杜尔索伊人、涅乌里司人、食人族、黑衣族、陶利人的首领则不愿出兵。他们认为是斯基泰人当初挑衅波斯人才惹下麻烦，而自己从未与波斯人结怨，波斯人应该不会来惩罚他们，但如果到时波斯人真要入侵他们的领地，他们也决不退让。

斯基泰人收到消息，知道现在即使与这三个部族结盟，仍然无法与波斯大军正面交锋，于是决定采用另外一种对策。他们首先让部族中的妇女儿童乘坐篷车，赶着牲畜转移到北方，只留下军队所需的给养，然后分兵三路。第一路军队由斯克帕西斯（Scopasis）率领，萨夫罗玛泰的军队也加入其中；第二路大军由伊丹图尔索斯（Idanthyrsus）率领；第三路由斯基泰王塔克萨奇斯（Taxakis）亲自率领。后两路军队先与盖洛诺斯和布迪尼的军队合在一起。他们商定的战术都是一样的:当遇到波斯军队进攻的时候就撤退,并且始终在波斯人前面保持一天的路程;波斯军队撤退的时候,前面的斯基泰盟军就掉过头来跟踪、追击他们。而且,他们首先要把这些波斯人引到那些不愿参战的部族中去,迫使他们加入到抵抗波斯的联盟当中,等到时机成熟的时候,再向波斯人发动进攻。部署完毕之后,斯基泰人盟军便回到各自的领地,积极备战。

当斯基泰前哨精锐部队发现波斯人渡过多瑙河,距离他们只有三日路程的时候,便用商定好的战术前去邀击敌人。他们边打边退,并把沿途所有的水井和泉眼都填堵上,把地面上生长的所有树木、牧草都铲除干净。就这样,斯基泰诱敌深入,引导波斯追兵沿着亚述海北岸一直向东行进,渡过顿河,穿过萨夫罗玛泰人的领地,来到布迪尼人的领地上。一路上,波斯人在这片不毛之地上毫无斩获,仅焚毁了布迪尼人用木头建造的一座空城。最后,波斯人被带入布迪尼北部的一片荒漠地区。大流士决定不再追击了,开始在奥阿鲁斯河(Oarus river)河岸修筑八个军事要塞,准备和斯基泰人打阵地战。然而斯基泰的前哨部队这时早已西行返回自己的领地了。大流士无奈只能放弃正在修筑的要塞,率大军全速前进,追赶西边的斯基泰人。可是斯基泰人还是那样一边打一边退,他们按照计划把波斯人依次带到北边黑衣族、食人族和涅乌里司人的领地。这些部族都警告斯基泰人不要进入他们的领地,否则兵戎相见。可是,当他们看到斯基泰和波斯大军来到的时候,都仓皇逃到北方的荒漠中去了。他们的领地也被斯基泰和波斯大军摧残得一片狼藉。只有最西边的阿伽杜尔索伊人,他们发出警告后,集结军队在边界严阵以待。斯基泰人看出他们有誓死一战的决心,便掉过头,把波斯人带到斯基泰人的领地去了。

就这样,斯基泰人诱导波斯大军一直在南俄罗斯草原上兜圈子。终于,大流士派一名骑兵给斯基泰王伊丹图尔索斯送去一封信,信里说:"你这个怪人,为什么总在我面前逃跑呢?如果你觉得自己有足够的势力与我对抗,那么就停下来让我们一决雄雌;如果你觉得敌不过我,那么也应该停下来,把你的土和水送给你的主人,来这里和我谈判。"斯基泰诸王听说大流士称呼他们为奴隶,个个怒不可遏。他们给大流士的回信是这样写的:"波斯人,我们从不惧怕任何人,也不会在他面前逃跑。现在我们这样做,只是平时的一种生活习惯而已。我们斯基泰人没有城市,没有耕地,也不怕你们来蹂躏,所以我们也没有必要急着和你交战。如果你们能够找到并挖掉我们祖先的坟墓,你们就会知道我们会不会和你交战了。至于主人,我们只知道他们是我们的远祖宙斯和女王赫斯提亚,你胆敢这样自称,是要后悔的。我们也绝不会把'土和水'交给你,等着瞧,很快你就会收到更好的礼物。"

从此开始,斯基泰人不再四处奔走,而是选择在波斯军队用餐的时候突袭他们。斯基泰的骑兵总是能够击败波斯的骑兵,但是却惧怕他们的步兵。于是每当波斯骑兵溃败,步兵上来增援的时候,斯基泰骑兵就马上撤退了。入夜以后,斯基泰骑兵也用同样的方法多次袭击波斯大营。在与波斯人的战争中,斯基泰人也遇到一些麻烦。每当听到波斯军营里驴的叫声,斯基泰骑兵的战马就吓得掉头就跑,或者竖起耳朵惊恐地呆住了。这是因为斯基泰人领地内没有驴这样的动物。为了拖住波斯军队,耗尽他们的粮草给养,斯基泰人还想出一个办法:他们故意留一些牲畜和牧人在后面,波斯军队每次抢到这些东西都兴奋不已。到了后来,能征善战的大流士也无计可施,陷入一个进退两难的困境。

最后,斯基泰诸王看到波斯军队饥困疲敝、军心动摇,知道机会终于来了。他们便派使者给大流士送去一份神秘的"礼物",并告诉波斯人,如果他们聪明的话,就会明白这份礼物的寓意。这份礼物是一只鸟、一只老鼠、一只青蛙和五支箭。大流士看到礼物后非常高兴,认为鸟、老鼠、青蛙分别代表天上、地下、水里，而弓箭代表武力。斯基泰王送这些礼物表明他们愿意向波斯俯首称臣，献出自己的领地和武力。而他身边许多谋臣的看法却恰好相反，他们认为这份礼物并不是请降信，而是一封宣战书："波斯人，除非你们变成鸟飞到天上去，或是变成老鼠钻到土里去，或是变成青蛙跳到湖里去，你们都将会被这些箭射死，永远也不会回到家里去。"

终于，斯基泰人集合全部军队展开队形，准备与波斯人对战。正巧这时在两军中间窜出一只野兔，看到这只兔子的斯基泰人都叫喊着，冲上去追赶它，一时间，斯基泰军阵喧闹四起、乱作一团。大流士听闻这个事实，顿时明白了那份礼物真正的寓意，他知道斯基泰人根本没有把波斯人放在眼里。于是他召集群臣，商议安全撤退的计策。夜里，大流士留下军队中羸弱伤员和驴，在军营中燃起大火，率领波斯大军往多瑙河方向撤退了。驴子看到主人离去整夜拼命地叫着，斯基泰人听到驴叫，也以为波斯人还留在军营中。第二天早晨，斯基泰人才发现波斯大军已经逃走，也向多瑙河方向追去。斯基泰军队全是骑兵，又熟悉地形路线，他们到达多瑙河浮桥的时候波斯人还没有到。于是他们说服看守浮桥的伊奥尼亚人将桥拆掉，然后掉过头，沿着能够找到水和草的路线去寻找波斯人。而波斯人却没有那么聪明，他们步兵多，行动缓慢，也不认识草原上的路线，只有按照来的路线绕路撤退，结果斯基泰人扑了个空。当波斯大军抵达多瑙河岸的时候，发现浮桥已被拆了一部分，他们十分惶恐，以为伊奥尼亚人已经离去。抱着最后一线希望，大流士派了军中嗓门最大的埃及人去岸边呼唤。结果伊奥尼亚的舰队很快就过来了，修好了桥，协助波斯军队渡过了多瑙河。原来，伊奥尼亚人是故意这么做的，虽然早已过了与大流士约定的时间，但这些城邦僭主的王权都是在大流士扶持下获得的，如果波斯覆灭，他们的统治也就朝不保夕了，因此他们还是愿意留下来等。同时为了欺骗斯基泰人，他们也拆除了一小部分浮桥。正因为如此，后来提起伊奥尼亚人的时候，斯基泰人都会用指责的口吻，说如果把他们看成是自由人，那么他们就是世界上最卑劣、最懦弱的人；如果把他们看成奴隶，那他们就是奴隶中最忠诚、最喜欢依附于他们主子的奴隶！

就这样，波斯人从斯基泰人的领地中狼狈地逃了回来。对于这场战争，希罗多德对斯基泰人高明的战术赞赏有加：以畜牧为业，个个擅长骑射的斯基泰人没有城市，不修筑要塞。他们走到哪里，家就搬到哪里，除非他们愿意与敌人交战，否则敌人永远找不到他们的踪影。他们计谋多端，任何入侵者都难免遭受重创。这样的民族何以不能所向披靡、无坚不摧呢？根据一些学者的研究，这场战争也增强了斯基泰社会内部的凝聚力，斯基泰诸部落从松散的部落向统一的政体发展。他们甚至可能建立了自己的国家。

斯基泰与希腊殖民城邦的联系

公元前 7 世纪前后，希腊人开始在黑海沿岸开展大规模殖民活动。他们在这里建造城市，发展商贸、手工业和农业。其中著名殖民城邦有南布格河河口的奥尔比阿、佩雷赞（Berezan），克里米亚半岛的凯尔基尼提斯（Kerkinitis）、潘提卡彭（Panticapaeum）、尼姆法伊翁（Nymphaeum）、米尔灭齐（Mirmekii）、提里塔卡（Tiritaka）、费奥多西亚（Feodosia），塔曼半岛的赫尔莫纳萨（Hermonassa）、法纳戈里亚（Phanagoria），顿河河口的塔纳伊司（Tanais），等等。这些殖民城邦主要是来自伊奥尼亚的希腊人建造的。也正是在这一时期，斯基泰人也入主南俄罗斯草原，与希腊殖民城邦建立起友好的合作关系。在殖民城邦中，希腊人收购斯基泰人提供的奴隶、谷物、牲畜、鱼、皮革、畜牧产品和贵金属，并且为斯基泰贵族提供葡萄酒、纺织品、抛光黑陶、青铜容器、金银首饰和装饰品，获取高额的利润。同时斯基泰人也可以为城邦里的希腊人提供军事保护，并从他们那里缴收赋税。考古资料证实：斯基泰人也从事一些中转贸易，宽广的欧亚草原为他们提供了便利的交通，许多东方的物品经由阿尔泰山、乌拉尔山传入南俄罗斯草原，斯基泰人再将它们转手卖给希腊人，比如阿尔泰山的黄金，中国中原的丝绸、漆器和铜镜。而地中海的一些物品，比如蜻蜓眼玻璃，也自西向东通过斯基泰人从草原之路传入东方。斯基泰人对希腊式的工艺品十分着迷，除了直接进口以外，他们还在希腊殖民城邦的作坊中定做兼具希腊风格和草原动物纹风格的昂贵武器、马具、日用品和装饰品。

斯基泰墓葬出土的希腊彩陶

斯基泰在公元前513年击败波斯后，又于公元前5—前4世纪与西面色雷斯人发生了多次冲突，后来双方缔结王朝婚姻而趋于融合。于是，斯基泰人的势力范围也一直延伸到了多瑙河一带。公元前480年，克里米亚东部的希腊城邦与附属波斯帝国的博斯普鲁斯王国

（Bosporus）结成联盟，与斯基泰人发生了冲突。斯基泰在击败大流士之后便洗劫并摧毁了这些希腊城市，重新巩固了自己在黑海北岸的统治地位。

公元前4世纪，斯基泰经济、政治和文化发展到顶峰，黑海北岸的希腊殖民城邦的经济也呈现出一片繁盛的景象。在频繁的商贸往来和接触中，希腊文化已深深植入斯基泰人的日常生活、宗教信仰和艺术审美当中。比如他们信奉的诸神，大多数冠以希腊神祇的名称。斯基泰贵族使用的大量奢侈品也都是殖民城邦里的希腊工匠制作的。斯基泰人喜好的动物纹艺术风格，也是在这一时期希腊艺术的影响下趋于成熟。在政治方面，斯基泰王阿瑟阿斯（Atheas）积极与巴尔干半岛的马其顿国王菲利普二世（Philip II）联系。但菲利普二世却有别的算盘，他在公元前342年率领马其顿大军击败了斯基泰骑兵，俘获了2万名斯基泰妇女和儿童，以及大量的牲畜。虽然90高龄的阿瑟阿斯在战争中死去，但这次战败并没有对斯基泰产生很大损伤，他们仍然在南俄罗斯草原称霸。此后在亚历山大东征期间，南俄罗斯草原的斯基泰人被称做"欧洲的斯基泰人"，古希腊史家阿里安提到，欧洲斯基泰人曾两次派使者与亚历山大大帝签署友好协定，并表示愿意与亚历山大大帝联姻，服从他的领导，为他出兵助战。后来亚历山大大帝返回巴比伦，这些斯基泰人还派遣使者恭贺他成为亚洲之王。斯基泰人可能短暂地臣服于马其顿，但不久就又独立出来。公元前331年，亚历山大大帝驻守巴尔干的代理执政官佐毗里昂（Zopyrion）发兵入侵斯基泰领地，占领了奥尔比阿。但不久就被斯基泰人夺了回来，佐毗里昂本人则被斯基泰人杀死。

公元前3世纪，斯基泰人面临前所未有的危机。东部是来自顿河的萨尔马提亚人（Sarmatians），西部是来自多瑙河的盖塔伊人和凯尔特人（Celts）。斯基泰人后来战败，逐渐退缩到第聂伯河下游以及克里米亚半岛的山脚下，修筑防御性要塞。公元前2世纪的斯基泰王斯基鲁如斯（Scylurus）仍然控制奥尔比阿，从事传统的贸易，他甚至还铸造了钱币。

公元4世纪，这些斯基泰残部被西迁的匈人（Hun）所吞并。自此，斯基泰一族在历史上消失。

南俄罗斯草原的斯基泰遗存

希罗多德相信南俄罗斯草原的斯基泰人是从欧亚草原东部迁徙来的。考古学家则认为斯基泰文化可能是从当地青铜时代的木椁墓文化发展而来的，不仅墓葬结构和随葬品，就连他们的体制特征和基因都十分接近。考古学家通常将这里的斯基泰人遗存分为四个不同的发展阶段：

第一个阶段，公元前7—前6世纪，南俄罗斯草原上的斯基泰人并不多，目前能确认属于这一时期的斯基泰墓葬只有20多座，地面上都堆筑着大小规模不等的坟冢。坟冢之下掏挖长方形或椭圆形的墓坑。同时还有木椁墓和偏室墓。这两种墓葬的建筑结构都是在青铜时代就已经出现，并被斯基泰人继承了下来。这个时期木椁墓的建筑结构很独特，是在地面上用原木搭建一个帐篷形的圆锥形木构架，木构架的中间埋葬斯基泰人的尸体，然后用土和沙石在上面堆筑坟冢。坟冢中经常发现火烧的痕迹，可能是葬礼仪式中的祭祀的一种方式。偏室墓出现的时间稍微晚一些，大概是在公元前6世纪末，这种建筑结构是在长方形墓坑的底部一侧掏挖一个坑，并在里面埋葬死者。偏室墓在公元前4世纪以后发展成为斯基泰墓葬的主流建筑形式。

第二个阶段，公元前6—前5世纪，第聂伯河下游和亚述海北岸草原上的斯基泰墓葬数量大大增加，表明当地人口的增多。这些墓葬

第四章 | 黑海北岸的斯基泰人

多成群分布，一片墓地中有 10 个到 100 个的坟冢不等。不仅有高等级贵族的墓葬，也有普通部落成员的墓葬。坟冢高 3 米至 5 米，直径 15 米至 20 米。贵族墓葬集中在第聂伯河下游两岸，有的坟冢顶端还立有象征墓主人的斯基泰石人，坟冢周围掏挖壕沟。许多斯基泰贵族的坟冢并不是一次性堆筑起来，每隔一段时

斯基泰墓葬出土的希腊安弗拉罐

间，所在的部族成员还要前来祭奠、并在坟冢上堆筑一些土。考古学家在许多坟冢中发现集中埋葬的动物骨骼、盛酒的安弗拉罐碎片或是马具和箭头等物品，可以证明这一点。有意思的是，这时的斯基泰人开始在前人的坟冢上修建墓葬。这一时期的贵族墓葬多采用偏室的建筑结构，有的还有墓道。墓室或用石头垒砌，或用木椁作为葬具。普通的男性墓葬中一般都随葬短剑、弓箭、矛、盔甲等武器和马具，以及羊的肩胛骨等动物牲肉；普通的女性则随葬纺轮和一些装饰品。在高等级墓葬中，多随葬精致的金项圈、手镯、耳环、银制花瓶、包金武器，并殉葬大量马匹。与此同时，斯基泰人开始在第聂伯河左岸修

筑四周有防御性护坡和壕沟的定居点，其中还发现有斯基泰人制作武器的作坊。

第三个阶段，公元前4—前3世纪，斯基泰贵族的墓葬修筑得更加宏伟，有的坟冢高21米，直径350米，墓坑深14米。墓葬中殉葬马匹的数量也大得惊人，切尔托姆里克坟冢中就殉葬了250多匹配有马具的马。这些马多是斯基泰人生前骑乘的。在一些贵族墓葬中，殉马的旁边还要殉葬为他们放养爱马的马夫。比如托勒斯塔墓葬的殉马旁边就埋葬了三个马夫，而切尔托姆里克墓葬也殉葬了两个马夫。这种用奴仆、近臣来殉葬的习俗也是公元前4世纪出现的，与希罗多德描述的斯基泰王的葬仪非常接近。贵族墓葬中随葬的物品更是不计其数。精美的黄金制品是大宗。除了装饰动物纹样和神像的各类首饰、装饰品以外，还有大量包金木器、角杯、武器和马具。此外还有青铜制作的铜鍑和希腊抛光黑陶。可以说，这个时期斯基泰贵族拥有的财富远远超过了前一个时期。另外，斯基泰人与希腊殖民城邦的联系也更加密切，不仅体现在贵族墓葬，也反映在普通部落成员的墓葬中。

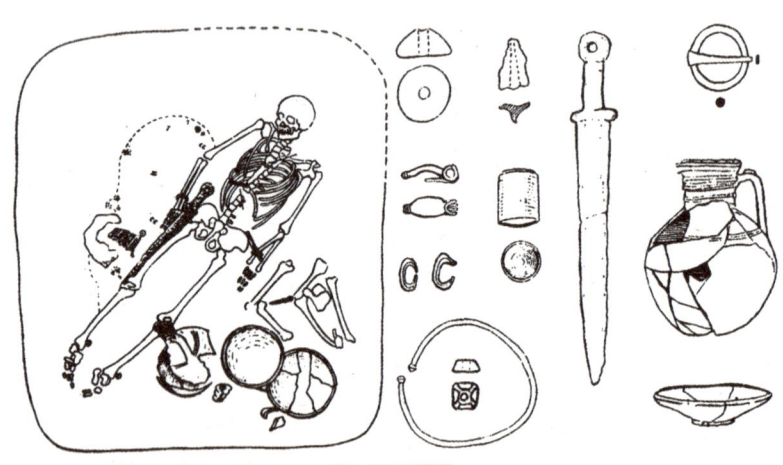

一座萨尔马提亚人墓葬及其墓葬中出土的器物

一些小型斯基泰人墓葬也随葬了希腊人制作的抛光黑陶。丰富的随葬品也显示出这时斯基泰人经济的繁荣。另外，在第聂伯河中游西岸一些女性墓葬中，随葬了石头制作的祭盘、印章、各式各样的护身符、武器和马具。她们有可能是高等级贵族中的女祭司。女性墓葬随葬武器的现象在这一时期逐渐增多，有学者统计出，当时女性墓葬中约有27%～29%随葬武器。

与此同时，斯基泰人也开始在顿河、黑海北岸修筑防御性定居点。这些定居点后来逐渐成为斯基泰统治和贸易的中心。南俄罗斯草原北部的森林草原地带斯基泰墓葬减少与第聂伯河、顿河一带斯基泰墓葬大幅增加是同时发生的，表明这个时期许多斯基泰人都在向南部移动，迫于外族压力或者为了追求黑海北岸交换贸易带来的巨大利润，他们逐渐放弃了传统的游牧生活，开始过起定居的生活。

第四个阶段，公元前3世纪至公元3世纪，南俄罗斯草原斯基泰人墓葬数量减少，而大量出现萨尔马提亚人的墓葬。这个现象恰好与古典文献记载萨尔马提亚人侵伐斯基泰人的史实吻合。

三 放下武器，拿起皮鞭

克里米亚半岛是黑海和亚述海之间一块菱形半岛，面积约有 2.6 万平方公里。北面与欧洲大陆通过一条狭长的地峡相连接。这条地峡称为彼列科普地峡（Isthmus of Perekop），宽约 8 公里。克里米亚半岛东部连接着刻赤半岛，公元前 5 世纪，博斯普鲁斯王国的首都潘提卡彭便建在这里。刻赤半岛向东跨过刻赤海峡便是塔曼半岛。克里米亚半岛北部是宽阔的草原，南部是克里米亚山脉的丘陵和山地。这里的原居民被考古学家称为克孜勒—阔宾文化（Kizil Kobin culture）人群，他们主要从事农耕。学者们通常把他们与古典文献中的陶利人（Tauri）联系起来。在希罗多德笔下，陶利人是一个以战争和劫掠为生的民族。他们会割掉敌人的头颅，然后拿回家插在屋顶上一根长长的杆子上。他们认为这些高高挂起的头颅可以守望整个住宅。据称陶利人中流行着一种特殊的祭祀仪式。他们常常打劫海上遭遇海难或是躲避风暴驶入他们港口的希腊人。这些人都被陶利人作为牺牲奉献给他们的处女之神。陶利人说他们供奉的这位女神是阿伽门农（Agamemnon）的女儿伊菲吉妮娅（Iphigenia），希腊人常把她等同于月亮女神阿尔忒弥斯。祭祀的仪式是在山崖顶上的女神庙里举行，陶利人在进行完预备仪式之后，他们就用棍棒猛击牺牲者的头，将他打死，然后把他的头插在一根杆子上，把他的躯体从断崖上抛下去。

公元前一千纪初的时候，克里米亚半岛干燥而炎热，并不适合放牧。公元前 8 世纪以后气候才逐渐变得湿润。斯基泰人最早进入克里米亚半岛也是公元前 7 世纪开始的，他们受不了这里夏天炎热的气候，只把这里作为冬季的营地。斯基泰人从两个方向进入克里米亚半岛：从北面的南俄罗斯草原穿过彼列科普地峡过来，或是从东边塔曼半岛跨过刻赤海峡踏冰而来。刻赤海峡附近发现过一座公元前7世纪后半叶的斯基泰贵族墓葬，地表有着8米高的坟冢，墓坑内埋葬的死者周围放置着弓箭袋和希腊的陶制酒坛。墓葬结构和随葬的物品与南俄罗斯草原的斯基泰墓葬十分接近。

进入克里米亚的斯基泰人逐渐与陶利人融合，从公元前6世纪的斯基泰人墓葬可以看出，他们的墓葬形制与黑海北岸斯基泰墓葬形制完全一致，都有墓穴和石板搭成的石棺。死者也是以仰面向上平躺、头朝向西面的姿势放置在棺椁中。墓葬中随葬的物品除了斯基泰人流行的武器以外，还发现陶利人制作的装饰三角形几何纹样的手制陶器。另外，当地还发现陶利人女性与斯基泰男性的合葬墓，或许可以作为斯基泰人和陶利人联姻的证据。据希罗多德的记载，斯基泰军队在入侵近东28年之后返回途中，在克里米亚山和亚述海之间遭遇了一支军队的抵抗。与他们发生战争的是先前被他们奴役、刺瞎双眼的陶利人和留在那里的斯基泰妇女的后代。斯基泰人不愿折损兵力，他们便想出一条对策：他们放下武器，拿起皮鞭，让对方意识到自己是奴隶而不敢与他们战斗。结果这条计策果真奏效，斯基泰人又再一次夺回了自己的领地。

公元前6—前5世纪，克里米亚半岛气候转冷转湿，非常适宜草场发育。当地斯基泰人口也大幅增加，一方面，这里适宜的气候条件可供他们一年四季放牧；另一方面，他们也与克里米亚半岛周缘的希腊殖民城邦建立起密切的商贸联系。在当地发掘的50多座公元前5世纪的斯基泰人坟冢中出土了大量来自希腊的陶器、花瓶、贵金属奢侈品。这一时期著名的有佐罗多坟冢（Zolotoi，又称黄金冢），其中斯基泰武士随葬的物品引人注目。在其身下是一块鹅卵形的盾牌，脖子上戴着金制项圈。腰带的青铜饰牌上装饰着鹰和格里芬的图案。腰间还佩有一把铁制短剑，剑鞘外面包着金叶。他左脚下还有一个木制箭箙，箭箙外面包青铜和金叶，上面有一只栩栩如生的豹子形浮雕。箭箙旁边还有一个希腊式的单耳罐。当然也有一些斯基泰贵族固守传统，不愿使用希腊人制作的物品。比如，博斯普鲁斯的一座偏室墓，仅随葬了木碗，金属包裹的木盘，金属武器和马具。当地还有些坟冢沿用很长时间，每次埋葬前要把先前死者的骨骸放置在一边或部分取出，然后再葬入新的死者。

同时，殖民城邦中的希腊人也受到斯基泰人习俗的影响，开始在他们的墓葬中随葬马具和武器。

公元前4世纪，在与希腊殖民城邦稳定的商贸中，克里米亚半岛的斯基泰人口增加了至少6倍。这一时期，斯基泰人与希腊人通婚的现象更为普遍，受希腊文化的影响加深。一些富有的贵族墓葬——如库尔—奥巴坟冢——出土了大量制作精美的金器。这座券顶的坟冢是一位希腊建筑师设计的。墓葬中埋葬着一对贵族夫妇以及一个男性侍卫。这对夫妇身上的装饰极其奢华，男性有装饰金饰牌的皮帽、金项圈、金戒指、金手镯，武器有铁制短剑、箭箙、金柄砺石，以及一些具有祭祀性质的金制器皿。女性墓主人衣服上点缀着许多金饰牌，头戴有金坠饰的头冠，身上还有金耳环、项圈、项链、手镯等。她的随葬品还有一面铜镜、一只表面锤碟斯基泰神话的金罐。侍卫殉葬于墓室南墙下，他身上全副武装，有头盔、青铜护胫、两杆矛，身旁还殉葬着一匹马。此外墓室西壁、北壁下还有青铜錾、银盆、花瓶和希腊式的安弗拉罐。这一时期斯基泰人的墓葬多用石板砌筑，坟冢顶部放置的石人有些也是希腊工匠雕刻的。

另外，这一时期出现了一种不建坟冢的墓葬。他们可能属于那些斯基泰人和陶利人融合的人群。在这个融合过程中，先前那些克孜尔—

斯基泰女性贵族的金冠饰

阔宾文化的特征也在逐渐消退。

公元前4世纪以后,大批战败的斯基泰人逃到克里米亚半岛,在这里修建了大量的规模宏大的防御性定居点。与斯基泰人在黑海北岸、顿河修建的定居点类似,多数都有高耸的城墙和壕沟,像城堡一样用于抵御萨尔马提亚人的入侵。克尔门齐克(Kermenchik)就是这个时期修建的一座城堡,城墙是由石块和砖块砌成,厚12.5米,高9米。城内有公众活动的中央大厅和一条长20米的大理石门廊,上面装饰着希腊式的柱头和浮雕。

这时的斯基泰人无法在广袤的草原上游牧,而转向定居农业。他们从希腊人那里学会了种植蔬菜和水果的技术,种植扁豆、豌豆、葡萄、苹果和梨,并且学会了酿酒。他们使用犁、锄耕种小麦、大麦和粟,用铁制的镰刀收割。谷粒的扬场和干燥是在封闭的打谷场进行的。粮食储存在容器或窖穴中。这种窖穴几乎在所有的遗址中都有发现。遗址中出土的动物骨骼表明,他们除了畜养牛、绵羊、山羊、马,还饲养猪、驴、鸡和鹅。此外,他们还从事渔猎以补充生计。他们狩猎鹿、草原羚羊、野兔、狐狸,渔猎海鱼,捕捞海贝和螃蟹。

生活在定居点里的斯基泰人用石块和土坯建筑房屋。有的房屋分上下两层,上面用瓦片铺盖屋顶,里面用石砌台阶,地上铺着木板和石块,下面还有地下室。这些房屋多建在希腊城邦里面,相互紧密地连在一起,每座房屋内有 1～3 个隔间,隔间的面积约有 6 平方米～8 平方米。房屋之间是由 0.8 米～1.5 米宽的街道隔开,道路上铺着石块,高于房屋的地面。此外还发现一些直径 2.2 米～3.6 米的圆形半地穴式的居址,中间的柱子支撑着圆锥形的天花板,里面设有石制或泥制的长椅。这种房屋的设计样式显然模仿了斯基泰游牧民帐篷的样子。

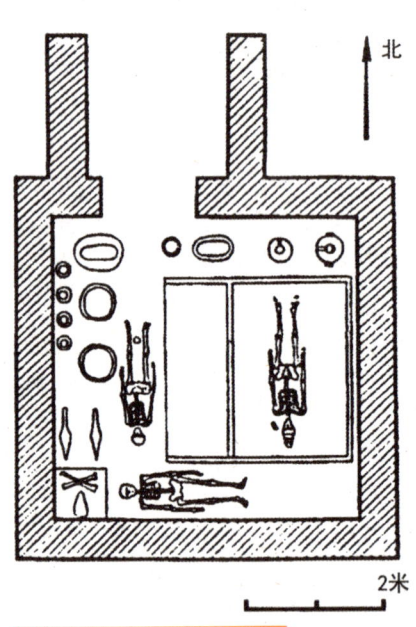

斯基泰人的手工业也在这个时期得到了很大的发展。遗址内发现了他们制作陶器的作坊、加工粮食的石磨和石臼、烤面包的泥制烤炉、织布机、纺轮,以及加工骨器、木器和石器的工具。另外,在尼亚波利斯(Neapolis)

库尔·奥巴墓葬墓室平面图

遗址还发现了斯基泰人加工铁、铜矿石的作坊，证实他们也掌握了金属冶炼的技术。

这个时期斯基泰人墓葬主要分布在克里米亚半岛西南和西北的丘陵地带。墓葬建筑形式多样，但贵族最常用的还是偏室墓，在坟冢上方树立石人，流行殉马，有的墓室是由希腊人设计建造的，石人也是希腊人雕刻的。普通平民通常埋葬在一个长方形的土坑里，随葬几件手制陶器。此外，受希腊人的影响，一些斯基泰人也采用火葬的习俗，他们将死者尸体焚化后，把骨灰放入安弗拉罐中埋葬。

公元前3世纪以后，克里米亚半岛成为斯基泰人活动的中心。此后他们曾与克里米亚西部的克索涅索斯（Chersonesus）人、黑海南岸的本都王朝（Pantus）、萨尔马提亚人发生战争。斯基泰人虽然节节败退，但仍能固守一隅，其统治一直延续到公元4世纪。

四 北高加索的斯基泰人

北高加索地区北起库马—马内奇低地，南抵大高加索山脉，东西分别连接着黑海和里海，长约1200公里，属温带大陆性气候。这里自西向东又分为三个自然地理单元。西面是库班河及其支流灌溉形成的肥沃草原，也称为库班—亚述海低地；中部隆起的斯塔夫罗波尔（Stavropol）山形成森林草原景观，也称为斯塔夫罗波尔高地；东部是气候潮湿炎热的里海沿岸低地。

公元前8世纪，斯基泰人从伏尔加河、里海向西南进入北高加索地区，与生活在库班—亚述海低地的库班（Koban）文化人群和古密俄提（Old Meot）人群融合，形成了以库班河流域为中心的斯基泰文化。直到公元前6世纪，北高加索地区一直都是斯基泰人活动的中心区域之一。公元前4世纪以后，大批萨尔马提亚人从北部入侵北高加索地区，迫使大批斯基泰人向东退守克里米亚半岛和第聂伯河下游地区。因此，斯基泰人在这里活动的时间主要集中在公元前8—前4世纪。考古学家将高加索北部斯基泰人的遗存分为四个不同的发展时期：

公元前8—前7世纪，斯基泰的墓葬中很少发现随葬品。在库班河附近发掘的一座奥什希图（Aushkhitu）坟冢，坟冢下也有帐篷状的木构架，与克里米亚半岛和南俄罗斯草原早期斯基泰墓葬结构相同。坟冢下有一个12米×7米见方的墓坑，墓坑早已被盗掘，但考古学家还是在里面发现了一辆四匹马拉的战车，这辆战车可能来自伊朗高原。

公元前7—前6世纪，北高加索斯基泰坟冢的数量急剧增加。大型贵族墓葬主要集中在库班河一带。多数墓葬结构仍然沿袭了早期形式，将死者葬在地面上、帐篷状木构架中心的木棺中,然后再在上面堆筑坟冢。另外一部分有墓坑的墓葬规模大小不等,小的墓坑有14平方米~16平方米,大的有41平方米~114平方米。死者也是面朝上,平躺着,头顶朝向北面或南面。主墓室周围一般随葬7匹~24匹配备马具的马。随葬品以武器为主,包括剑、矛、斧、弓、箭镞、头盔、盾、盔甲等。许多武器都装饰有丰富的动物图案,这些图案的艺术风格与近东,尤其是乌拉尔图的艺术风格十分接近。高等级墓葬,如克勒梅斯坟冢中还随葬王冠、银镜、银制来通杯、精致的马车或战车等。从装饰图案的分析可知,一些母题来自南俄罗斯草原,一些来自中亚。有学者根据马具的特征辨认出一些殉马来自近东,这可能是斯基泰人在近东征战时劫掠的战利品。

公元前6—前5世纪,墓葬结构仍与上一时期相似,但墓葬中殉马的数量大大增加,随葬品中出现了从希腊进口的抛光黑陶,表明他们与

斯基泰人使用的青铜扁壶

西面希腊殖民城邦存在文化上的交流。著名的乌尔斯卡雅1号坟冢(Ul'skaya Kurgan 1)，也称为斯基泰王陵，高达15米，坟冢下是7.45米×5.75米见方的帐篷状木构架。四周整齐地殉葬着300多匹马，坟冢中还发现肢体不完整的50匹马和2头牛的骨骼，它们可能是在葬礼上被吃掉的。

公元前5—前4世纪，北高加索的斯基泰人与克里米亚半岛希腊殖民城邦的文化联系更加密切。受希腊文化的影响，一些斯基泰人墓葬的墓室用石块垒砌，或用木头搭建起券顶。贵族墓葬中仍殉葬大量

斯基泰出土金冠

斯基泰墓葬中出土的希腊彩陶

马匹。随葬品中的希腊陶器和工艺品的数量也大幅增加。

总体而言,北高加索斯基泰人在公元前6世纪以前与近东的文化联系较多,这之后又与希腊殖民城邦的商贸往来越来越多,希腊文化源源不断地注入斯基泰人的生活、葬仪当中,越来越浓厚。

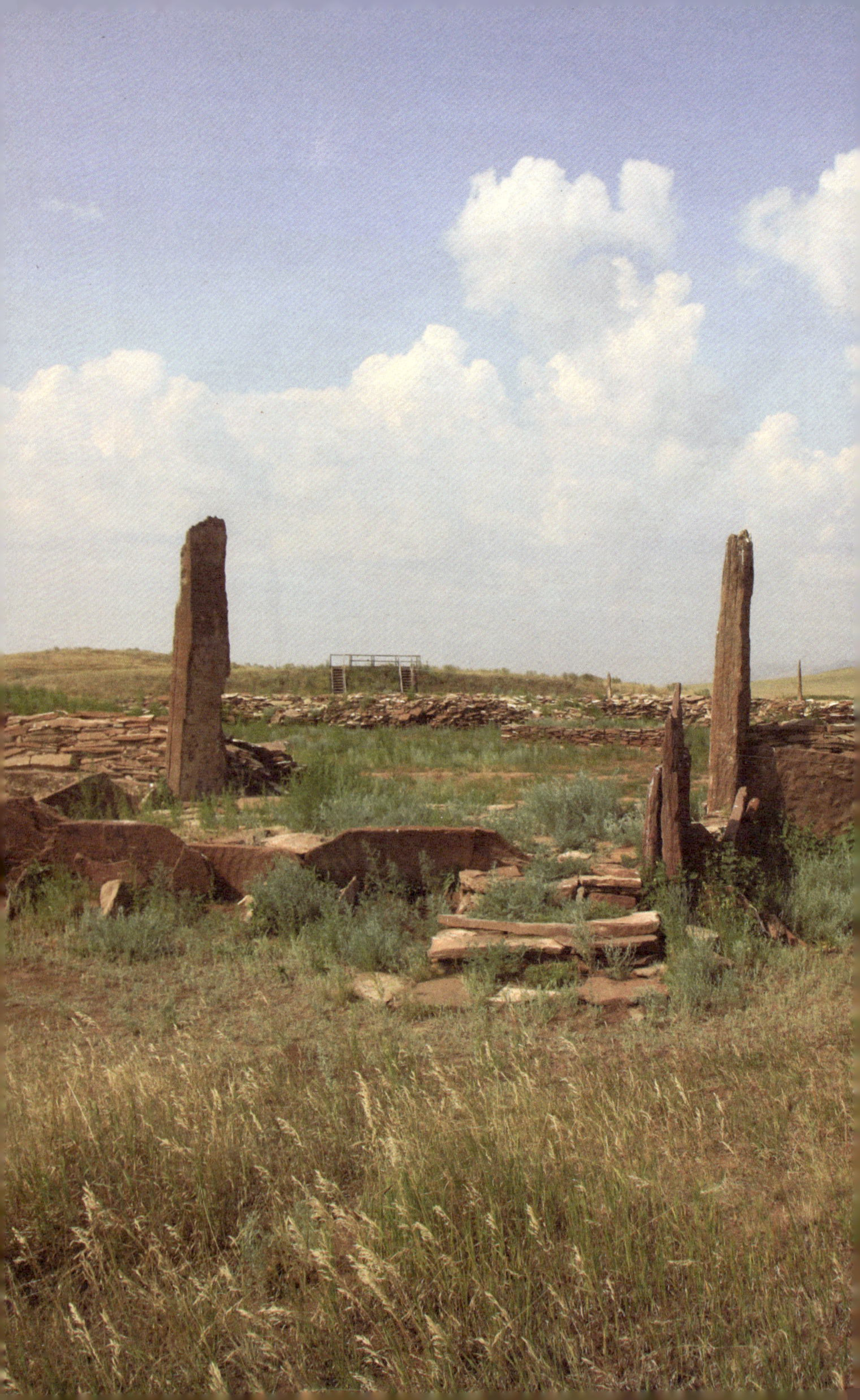

第五章

乌拉尔山的萨尔马提亚人

古典神话中记载了一个全由女性组成、骁勇善战的神秘部族——阿马松人。她们被认为是战神阿瑞斯后裔,她们的英勇、美丽曾令大力神赫拉克勒斯、雅典国王忒修斯、特洛伊城下第一勇士阿喀琉斯为之动容。顿河至乌拉尔山一带生活的萨尔马提亚部落传说就是斯基泰人和阿马松女战士的后裔。萨尔马提亚部落中一些女性身份高贵,兼任部落首领与祭祀,身着华丽的戎装。虽经历数千年,棺椁中的她们仍然英姿飒爽。

一 娶妻阿马松女战士

根据希罗多德的记载,斯基泰人的领地向东延伸到顿河,而越过顿河,就来到萨夫罗玛泰人的领地。关于萨夫罗玛泰部族的起源,希腊人流传着这样一个传说:希腊人在铁尔莫东(Thermodon,今土耳其北部泰尔梅)取得胜利后,生俘了一批阿马松(Amazon)部落的女战士。他们用三只船押解着这些阿马松女战士准备返航。不料途中阿马松的女战士们将船上的希腊水手全部杀死。但阿马松女战士不懂得如何使用舵、帆和桨来驾船,因此只能随波逐流,后来停靠在亚述海岸边的克列姆诺伊(Cremni)港岸边,来到王族斯基泰人的领地。登陆之后,阿马松女战士首先逮住了一群斯基泰人放养的马,然后骑着这群马在斯基泰领地内四处劫掠。

起初,斯基泰人对这些突如其来的陌生人感到非常好奇,她们穿着与斯基泰人不一样的装束,说着不一样的语言。斯基泰人不知道她们是什么民族,从什么地方来的。但她们在战场上非常勇猛,斯基泰人就以为她们都是年龄与自己相仿的男子。于是斯基泰人派出军队与阿马松人作战,直到看到阿马松战士的尸体,才知道她们都是女儿身。经过商议,斯基泰人决定不再杀死她们了,而是派出一队人数与阿马松女子相同的斯基泰青年,在阿马松女战士的营地旁边扎营。这些斯基泰男子住在阿马松女战士的附近,模仿她们的一举一动,如果她们追上来就撤退,不与她们交战;如果她们不再追赶,就又回到她们附近扎营。尚武好战的斯基泰人想通过这样的方式赢得阿马松女战士的好感,与她们结合生孩子。果然,阿马松女战士很快发现这些斯基泰青年并无意伤害她们,也就不去理会他们了。久而久之，双方的营地越来越近。这群斯基泰青年模仿着阿马松女战士的生活方式，骑着马，身上只装备着武器，都是以打猎和劫掠为生的。每天中午，阿马松女战士都要分散开来，单独或成对出去游逛、放松。斯基泰青年也模仿她们这样做了。直到有一天中午，一个斯基泰青年大胆上前纠缠一个阿马松女子，而她并未反抗，半推半就与他欢好。然后这个阿马松女子用手势向他示意，明天再带一个斯基泰青年来。于是到了第二天，这个斯基泰青年带着他的朋友来到这里的时候，发现面前站着两个阿马松女子。就这样，后来所有斯基泰青年都和阿马松女子成双成对。最后，他们的营地也合在了一起，每个斯基泰男子都娶了一个阿马松女子。

很快，阿马松妻子学会了斯基泰人的语言。离家多日的斯基泰青年告诉妻子："我们有父母和财产，让我们放弃现在生活方式，一起回到我们族人那里一起生活吧。你们仍然是我们的妻子，我们也答应你们不会再娶别的女人。"阿马松妻子听到这些也很为难，她们告诉丈夫："我们没法和你们的妇女生活在一起，我们的风俗习惯和她们完全不同。我们从小就学习射箭、投掷标枪、骑马，而对于普通妇女做的事情一窍不通。而她们是待在篷车里，做着普通妇女做的事情，从不像我们一样打猎和劫掠。我想我们永远无法和谐相处。如果你们真心想娶我们做妻子，那么就回到你们父母那里去，让他们把你们应得的财产分给你们，然

萨尔马提亚贵族妇女的金冠

后和我们一起去过自己的生活吧。"于是斯基泰青年就按照她们的意见做了。当他们带着财产回来的时候,阿马松妻子对他们说:"如果我们还生活在现在这个地方,我们会感到惶惶不安,不仅因为我们从你们的父亲的身边把你们夺走,还因为我们的劫掠曾给你们的领地造成很大的损害。既然你们诚心娶我们为妻,那么就让我们离开这里,去顿河另一边去生活吧。"

于是,他们向东渡过了顿河,然后又向东走了三天,接着又从亚述海向北行进三天,在那里定居了下来。他们便是萨夫罗玛泰人。据说萨夫罗玛泰的妇女一直沿袭着古老的风俗习惯,她们穿着与男子一样的装束,与丈夫们一起骑马去打猎、作战,或有时独自去狩猎。按照他们的习俗,一个女子只有在战场上杀死敌人的一个男子才能嫁人。因而一些女子由于没法完成习俗的条件而终生未婚。萨夫罗玛泰人的语言属于斯基泰语,但由于一开始阿马松女人没有把这种语言学好,因而并不纯正。

这便是萨夫罗玛泰人传奇的起源故事。公元前4世纪开始,希腊古典作家开始用"萨尔马提亚"称呼顿河与乌拉尔山之间的游牧民族。根据语言学家的研究,萨尔马提亚与萨夫罗玛泰是两个同源词,指代的都是同一个部族。

二 尚武的萨夫罗玛泰人

萨尔马提亚人也和斯基泰人一样，只有语言而没有文字，因而他们的历史和文化只能借助古典文献和考古发现来复原。考古资料表明，公元前8—前7世纪，伏尔加河、顿河的冲积扇地区的木椁墓文化人群与南乌拉尔草原的安德罗诺沃文化（Andronovo culture）人群开始向早期铁器时代过渡。两者在平行发展与融合过程中共同形成了萨夫罗玛泰文化。萨夫罗玛泰文化发展至公元前4世纪被萨尔马提亚（Sarmatian）文化继承。

考古学家一般将顿河、伏尔加河至南乌拉尔草原早期铁器时代的游牧文化通称为萨夫罗玛泰—萨尔马提亚文化，分为四个时期：第一期，萨夫罗玛泰文化时期（公元前6—前4世纪）；第二期，萨尔马提亚文化早期（公元前4—前2世纪）；第三期，萨尔马提亚文化中期（公元前2世纪—公元2世纪）；第四期，萨尔马提亚文化晚期（公元2—4世纪）。

公元前8—前7世纪，也称为前萨夫罗玛泰时期。由于气候变化和骑马术的普及，伏尔加河与乌拉尔河农耕的青铜文化开始向以畜牧为主的早期铁器时代过渡。新的文化因素明显表现在墓葬当中。伏尔加河的墓葬形制、葬俗虽仍沿用早期传统，为竖穴或偏洞室两种，墓主人侧身屈肢，头向东，但出现用火焚烧墓室的葬俗。随葬品中最显著的特征是武器大量出现。短剑、刀、箭头、马具等较之以前明显增加，表明当地游牧民与周围冲突增多，出于扩张或防御的需要，开始发展军事。随葬陶器变化不大，仍以本地制造的陶器和从黑海北岸、高加索地区进口的抛光黑陶为主。乌拉尔草原地区的墓葬也发生类似革新，出现火葬的习俗和偏洞室墓葬，墓主人头向西，仰身腿微屈，武器也明显增加。于是在黑海北岸、北高加索的斯基泰人以及哈萨克斯坦的塞人之间的交流与互动中，逐渐形成了萨夫罗玛泰文化。

公元前6—前4世纪，进入萨夫罗玛泰文化时期，社会分化为多个阶层。墓葬仍有竖穴和偏室两种。大型贵族的坟冢规模很大，墓穴中搭建结构复杂的木椁，墓主人仰身屈肢，头向西，墓主人身下和身上都铺或盖着毡毯，随葬许多贵重物品。小型墓葬仅随葬一些武器。火葬的习俗仍然流行。

从萨夫罗玛泰人随葬的物品可以看出，他们正向着军事化色彩浓厚的游牧生活发展。男性墓葬中大多随葬着各式各样的武器。武器的样式与斯基泰人十分接近。头盔的样式类似库班河斯基泰人的头盔；青铜的箭头有柳叶形、带倒刺的双翼箭头，也有三翼的銎孔箭头；短剑长约25厘米，长剑长约125厘米。心形、蝴蝶形的剑格，触角式、一字形的剑首都是斯基泰厚重的剑的样式。他们很少使用矛，他们使用的马具包括青铜或动物骨骼制作的棒状马镳和装饰着动物纹样的节约和小饰件。

与草原上斯基泰人、塞人等游牧民相似，公元前6世纪初，萨夫罗玛泰人开始在腰带、衣服、马具上装饰动物纹图案。他们流行的动物纹与斯基泰人相似，但又有自己的特点。萨夫罗玛泰人的动物纹最常见的主题是狼和熊，也有鹰嘴的格里芬头。他们常把动物纹图案雕刻在骨、角制作的物品上，最典型的是伏尔加河地区流行的獠牙状的垂饰。这时的动物纹多以单体出现，少有搏斗的场面。

萨夫罗玛泰人也用青铜铸造铜鍑来煮食物或进行祭祀。他们还使用手制的质地粗糙的陶器，其中那些圜底陶器后来成为萨尔马提亚人最流行的陶器样式。

萨夫罗玛泰人使用的铜镜有两种，一种铜镜下面有一个长而扁平的柄,柄的一头装饰着一只动物;另一种铜镜与中亚咸海塞人使用的铜镜相同,没有柄,而是在北面中间有一个桥形的钮,这种铜镜是用绳子拴着,平时挂在腰带上或装在皮毡缝制的袋子里。铜镜不仅用于鉴容,也可能用于某种宗教仪式。萨夫罗玛泰人常用的装饰品有项圈、耳环、手镯、戒指以及缝在衣服上的各种饰牌、垂饰。用于制作这些装饰品的材料很丰富,有金、青铜、铁、兽骨和石头。

一些萨夫罗玛泰女性的墓葬随葬着一些特别的东西:用动物骨骼和角精心雕刻成的小勺子,石制的三足或四足小祭坛。勺子把上通常装饰着动物纹图案,制作十分精细,可能不是日常的用具,而是便携式的小祭坛。这种便携式的小祭坛发现有油脂和燃烧后的烟灰,可能用于拜火的宗教仪式。小祭坛外面通常涂着红色的颜料。随葬这些物品的女性一般被学者们认为是萨夫罗玛泰部落中的女祭司。

公元前4世纪,萨尔马提亚文化人群继承萨夫罗玛泰文化人群,在南乌拉尔兴起。崛起之后他们迅速向四周扩张,向西进入伏尔加河下游,向南到达顿河下游和库班河流域,向东占据了哈萨克斯坦伊希姆(Ishim)河中游。

萨夫罗玛泰女性墓葬随葬的骨勺

| 草 | 原 | 霸 | 主 | ——欧亚草原早期游牧民族的兴衰史

他们仍然沿袭萨夫罗玛泰人偏室墓、竖穴墓的结构，但墓葬布局和葬具发生了变化。他们流行在一个坟冢下面掏挖多个同心墓坑，埋葬多个死者，这种坟冢可能是用于埋葬萨尔马提亚家族或氏族成员。偏室墓的墓坑和偏室之间用木板或石板封堵。墓室内用原木搭建棺椁放置死者的遗骸，墓室四壁铺着木板、树皮、芦苇或藤条。

死者通常面朝上仰身躺在木板钉的尸床上，头顶朝向南方，下葬前，双腿膝盖或脚踝被绑在一起，身上裹着毛毡或毛布一类的东西。除了武器、马具和日用品，墓葬中还随葬公羊的前腿和肩胛，以及块状的滑石、石膏、红色或黄色的赭石、贝壳和鹅卵石。有的墓葬还随葬木制的战车，或者是几个车轮。

萨尔马提亚人在武器装备方面的革新最为显著。男性墓葬中随葬武器的现象非常普遍。他们摆脱了斯基泰人以弓箭、短矛、短剑、藤盾为主的装备、盔甲，主武器逐渐过渡为长而重的铁头长矛。弓身增

萨尔马提亚人使用的马具

大，两端开始使用弓弭，箭头主要流行杀伤力强的三翼銎孔铁箭镞，同时带铤的箭镞在公元前3世纪以后逐渐流行。铁剑摆脱了萨夫罗玛泰时期厚重的造型，将剑身加长。短剑长40厘米～55厘米，长剑长1.3米左右。剑锻造得更加锋利、轻盈，并采用简洁的"一"字形剑格和剑首，晚期也流行环首。萨尔马提亚贵族也用金、银等贵金属来装饰自己的马匹。但是装饰纹样并没有采用斯基泰人那种动物纹图案，而是采用了花卉图案或一些希腊神话人物。其中一些物品也是希腊工匠制作的。

女性墓葬中也出土了圆形或椭圆形的石制小祭坛，边缘雕刻着花纹。小祭坛下面没有腿，是平底的，后来被逐渐增多的陶制小祭坛所取代。有意思的是，这种陶制小祭坛有时也出现在男性的墓葬中。另外，一些女性墓葬也随葬箭头和剑，她们可能也是作战的武士。女性和儿童的墓葬中还随葬着雪花石膏或滑石雕刻成的人偶。有学者怀疑这些人偶可能具有护身符的功用。女性使用的装饰品也是用铜、银、金等材料制作的，但很有特色，她们的项圈、手镯常见的样式是螺旋形的，很像弹簧的形状。她们也使用珠子串成的项链，衣服、鞋子上也缝着珠子。她们使用的主要是带柄的铜镜，铜镜边缘明显增厚。另外雕刻动物纹图案的骨勺、骨梳，以及残留着胭脂口红的贝壳也都出现在女性的墓葬中。

这一时期萨尔马提亚人与西部地区的文化交流日益密切，主要反映在陶器方面。他们一方面保留并发展了本土生产的手制陶器技术，流行从萨夫罗玛泰人继承下来的圜底器样式，装饰丰富的几何纹样，同时还在陶土中掺入滑石粉，增加陶器的光泽。另一方面，他们也使用进口的轮制陶器。这些轮制陶器有的来自顿河下游和库班河流域，有的来自北高加索和波斯普鲁斯王国，还有的来自中亚。

公元前3—前1世纪，萨尔马提亚人开始向西部斯基泰人的领地扩张。凭借强悍的武力，他们很快就占领了南俄罗斯草原，逼迫斯基泰人退守克里米亚半岛等地的防御性要塞。自此，萨尔马提亚人拥有了西起多瑙河，东抵南乌拉尔草原，南至北高加索的库班河流域的广阔领地。这个时期的萨尔马提亚墓葬开始流行竖穴土坑墓，以前流行的偏室墓开始减少。死者还是仰身直肢、头顶向南的姿势。有意思的是，一些墓坑很宽大，呈方形，死者在墓坑中不是顺着墓坑的方向安置，而是沿着墓坑对角线的方向摆放。这种墓葬被一些学者形象地称为"对角线墓"。墓葬中随葬的动物牺牲通常是一些羊骨的碎片，用整只动物做牺牲的现象比较少见。

  萨尔马提亚人的武器也发生了变化，最流行的是一字形剑格、环首或新月形剑首的铁剑、锋利的三翼带铤铁箭镞。矛的使用开始增多，希腊样式的头盔逐渐流行。

  在文化交流方面，萨尔马提亚人与西部的博斯普鲁斯王国、东部的中亚地区都保持着密切的联系。贵族的墓葬中经常能看到罗马的衿针，地中海的玻璃、玛瑙珠和琥珀珠，埃及的护身符，罗马的红色细陶器以及博斯普鲁斯王国的轮制陶器、安弗拉罐等从西部地区进口的物品，同时也有来自中亚贵霜王朝的红陶器、动物形状把手的罐子，以及镶嵌宝石或玻璃珠的金饰牌。

  除了这些舶来品，萨尔马提亚人与其他草原民族一样，仍流行使用动物纹的艺术装饰风格。但在造型、工艺方面有了很大的发展，动物纹种类更加丰富，除了羊、鹿、狮、狼、格里芬等动物外，还引入了希腊和近东的植物图案。构图更加繁缛，动物造型脱离了自然写实的风格，趋于程式化。透雕的青铜饰牌和镶嵌红玛瑙、绿松石的金饰牌是这一时期萨尔马提亚贵族最流行的人身和马身装饰品。

  公元1—3世纪，萨尔马提亚人在不断地扩张、征伐的过程中兼并了欧亚草原西部许多游牧部族，形成了强大的军事部落联盟。这其中包括：第聂伯河与多瑙河之间的阿热格人（Yazigs），他们曾在公元173—174年之间跨越多瑙河侵扰罗马帝国，但后来被击败；罗索拉尼人（Rhoxolani）从伏尔加河一直西进，跨越第聂伯河，曾在公元62年劫掠罗马的摩西亚（Mezia）边境；阿兰人（Alan），汉文典籍也称奄蔡人（Aorsi），开始居住在咸海、里海北部的中亚草原，后来随萨尔马提亚大军西迁，一部分去了欧洲，驻牧于伏尔加河与顿河之间，另一部分留在北高加索一带，他们在公元374年被匈人所灭；斯拉奇人（Siraki）活动于库班河流域和亚述海东部地区。

这个时期萨尔马提亚人的墓葬仍流行竖穴土坑墓和偏室墓两种建筑结构。其中竖穴土坑的墓葬墓室更加狭窄。一个墓葬中埋葬一人的现象比较普遍，但多人葬在同一墓坑的现象也增多了。

这一时期萨尔马提亚人与东西方的交流十分活跃。在贵族墓葬中，经常能发现希腊式的安弗拉罐、近东的银器、罗马的衿针和来自汉朝的铜镜。萨尔马提亚人中，有一些地位尊贵的女性，很可能是女王。例如，在顿河下游新切尔卡斯克发现了一处萨尔马提亚贵族的大型墓地，时代属公元1—2世纪。最为著名的是一名女性的坟冢，里面随葬一件金制王冠。上沿表现两棵树，一棵树下左右各有两只口衔环的鹿，另一棵树下则是两只羊。王冠主体部分镶嵌了大块的紫水晶、石榴石等宝石，正中央有一个女性的胸像，女性的面、颈部是用白色的玉髓雕刻而成。除王冠以外，墓中还随葬有金制香水盒、针线盒，上面都装饰着撕斗场面的动物纹。据推测，这座坟冢的主人是萨尔马提亚的女王奥罗斯（Aorsi）。新切尔卡斯克墓地还出土一批鎏金银盘，一些是萨尔马提亚工匠制作，背面镶嵌宝石，装饰格里芬、鸟的动物纹，另外一些则是希腊工匠制作，装饰希腊式植物纹样，表现希腊神话。例如其中一件银盘的中心描绘了森林之神赛立纳斯（Silenus）戏弄一个前来采葡萄的人的场景；另一件则表现海中仙女涅瑞伊得斯

（Nereids）骑着海马（Hippocamp）。

这一时期萨尔马提亚人的防御性装备也大大加强，尤其是重装甲的骑兵。他们使用的铁剑剑格逐渐消失，弓也不再是斯基泰的蛇形弓，而是装备着弓弭、弓弰的体积更大的弓。武士身上开始配备用厚牛皮制成的头盔和鱼鳞状盔甲，后来还在战马身上也披覆鱼鳞状护甲。盾牌与斯基泰差别不大，也是柳条编成的藤盾。1873年在克里米亚半岛刻赤发现一座公元1世纪的洞室墓，券门上方描绘了戴头盔、身穿盔甲、手持长矛的萨尔马提亚骑士的形象。罗马皇帝图拉真（Marcus Ulpius Trajanus，公元98—117年在位）曾对萨尔马提亚人进行讨伐，后来将这一场景雕刻在图拉真广场的石柱上以显示他的赫赫战功。从图拉真石柱雕刻中，我们可以看到落荒而逃的萨尔马提亚士兵和战马身上，都披覆着鱼鳞状的护甲。萨尔马提亚士兵以其勇猛善战著称，后来也被罗马征调作为雇佣军。希腊萨洛尼卡城（Salonica）保存着公元3世纪教皇加利流斯（Calerius）时期修建的拱门，上面就有身披鱼鳞甲，手持盾牌的萨尔马提亚士兵浮雕。

公元4世纪，匈奴人的入侵最终导致了萨尔马提亚文化的衰亡。

三 杀死男人的人

希腊传说中，萨尔马提亚人是斯基泰男子和阿马松部族女子结合的后代。而阿马松这个部族是怎样的一个民族，她们是否存在过？长期以来一直是学者们无法解开的一个谜。

阿马松是古希腊传说中一个骁勇善战的神秘部族，大概活动于今天土耳其北部泰尔梅河附近。被誉为"悲剧之父"的古希腊剧作家埃斯库罗斯称她们是"男人的憎恨者"。希罗多德《历史》中，斯基泰人称她们为"欧约尔帕塔"（Oiorpata），"欧约尔"是男人的意思，而"帕塔"指"杀死"，也就是"杀死男人的人"。

据说她们的部族全部是由女性组成，没有一个男子。任何男人都不允许进入她们的领地，否则会被杀死。为了保证部族的繁衍，她们每年都要造访高加索的戈尔加利安斯（Gargereans）民族，与那里的男性短暂结合。还有一种说法称她们俘虏、囚禁男性为奴，砍断他们的手脚，在完成"播种"的任务后就被处死。阿马松女性生下的婴儿如果是男孩，就被杀死，或送还给他们的父亲，或弃之荒野，任其自生自灭；如果是女孩就会把她们培养成女战士，从小她们就要学习射箭、骑马、投掷标枪

阿马松女战士骑马纹瓶

等各种战斗技能,为了不妨碍投掷标枪和射箭,她们要将右侧的乳房烧掉。她们从生下来就注定了戎马一生,不是去战争就是为了战争准备的军事训练。她们使用的武器有矛、弓箭、战斧和新月形的盾牌。她们崇奉战神阿瑞斯,认为自己是他的后裔。同时她们也崇奉狩猎女神阿尔忒弥斯。她们不放牧,也不种植庄稼,而是以劫掠为生,经常入侵邻国。曾与希腊、斯基泰等许多民族发生过战争。

在希腊神话中,阿马松部族曾与赫拉克勒斯、忒修斯(Theseus)、阿喀琉斯都发生过战争。她们最著名的两个女王是希波吕忒(Hippolyta)

彩陶盘上的阿马松女战士

和彭忒西勒亚（Penthesilea）。希腊艺术品常把她们描绘得美丽、典雅、丰满。传说赫拉克勒斯要完成的十二项任务中，第九项任务是要拿到阿马松女王的腰带。这条腰带据说是当初战神阿瑞斯送给女王的。当赫拉克勒斯来到阿马松人的领地的时候，阿马松女王希波吕忒立刻被这个半人半神的英俊男子吸引了，甘愿交出腰带。但是万神之母赫拉因为憎恨赫拉克勒斯，便变身为阿马松人到她们部族中散布谣言，说赫拉克勒斯要夺走她们的女王。于是愤怒的阿马松人立刻集结起来，要与赫拉克勒斯决一死战。后来赫拉克勒斯逐一击败了阿马松部族的九名女战士，得到了希波吕忒的腰带。智慧而勇敢的忒修斯，在揭开米诺斯迷宫之谜，杀死怪兽米诺陶之后，继承了雅典王位。随后又远征阿马松，忒修斯一行上岸后，受到女王安提奥佩（Antiope）的盛情款待。好色的忒修斯后来拐走了安提佩，在雅典与她成亲。愤怒的阿马松女战士集结军队、围攻雅典城。在战争中，安提奥佩被误伤射死，而阿马松大军也带着悲伤撤回本国。雅典人后来还为她树立了一座高大的纪念碑。

希腊诗歌对阿马松描绘最精彩的莫过于特洛伊城下彭忒西勒亚与阿喀琉斯的战斗。公元4世纪，希腊诗人昆图斯（Quintus Smyrnaeus）模仿荷马的风格，创作了《特洛伊的陷落》，其中记述了希腊英雄阿喀琉斯在杀死特洛伊王子赫克托耳（Hector）之后，特洛伊招来阿马松女王彭忒西勒亚率领的十二名女战士前来助阵。彭忒西勒亚曾因为误伤了自己的妹妹希波吕忒而犯下罪孽，遭到复仇女神的追杀，她希望此役能够平息复仇女神的怒火。来到特洛伊城下，彭忒西勒亚身着战神阿瑞斯赐予她的金盔金甲和长矛，手握厄利斯女神给她的战斧，骑着风神艾奥罗斯（Aeolus）的快马，威风凛凛，所向披靡，将希腊人杀得溃不成军。正在这时，阿喀琉斯及时赶到，在战斗中将彭忒西勒亚刺死。当阿喀琉斯摘下彭忒西勒亚头盔的时候，深深地被她的美貌所打动，惋惜不已。他甚至在那一瞬间爱上了已死的彭忒西勒亚。此役过后，彭忒西勒亚连同十二名女战士的遗体被厚葬在特洛伊国王的陵墓中。

希腊神话和诗歌对于阿马松人的这许多描绘均已无法证实，但在乌拉尔，在那些可能是阿马松人后裔的萨尔马提亚部族中却可能找到一些蛛丝马迹。考古学家们早已注意到早期铁器时代的欧亚草原上，萨尔马提亚部族中女性的地位比较高，许多女性与男性一样随葬武器、马具，完全是一副战士的装扮。

1994年，美国考古学家戴维斯·金博（Jeannine Davis-Kimball）与俄罗斯科学院考古所亚布朗斯基（Leonid T. Yablonsky）合作，发掘了乌拉尔山南麓伊列克河（Ilek River）左岸博克罗夫卡（Pokrovka）遗址的13个坟冢。这13个坟冢属于三个墓地，时代从萨夫罗玛泰一直延续到萨尔马提亚晚期。其中2号墓地和10号墓地集中发现了一批萨尔马提亚女战士的墓葬，她们墓葬中普遍随葬着箭镞、铁剑等武器。其中，2号墓地中的8号坟冢最为独特，坟冢下共有七个墓坑，其中六个排成一列呈弧形分布，里面没有任何物品，这是为了迷惑盗墓者而专门设计的空坑。而剩下的编号4号墓地的墓坑分布在一侧，里面埋葬着一位公元前4世纪尊贵的武士打扮的女祭司。这位30岁左右年轻女性的衣服上缀满了华丽的黄金饰片和小金珠，希腊式船型金耳环，头右侧放着一柄青铜镜、一个银碗，右肩放着一个从埃及进口的雪花石膏制作的杯子。这种杯子被认为是祭司用来装豪麻的汁液。她身下的箭箙上还插着110余枚铁箭镞。她仰身直肢躺在木椁中，左膝微微抬起。这种姿势并不寻常，一般只在那些最高等级的萨尔马提亚男性墓葬中才能看到。这些迹象都表明，这位身份尊贵的女性不仅是一名武士，而且还是部落中的精神领袖，甚至可能是部落中的女王。从她的身上，我们或许能够看到阿马松女战士的影子。

无独有偶，1998年，俄罗斯考古学家在北高加索的伊帕托沃（Ipatovo）3号墓地2号坟冢下也发掘出一座萨尔马提亚女祭司的墓葬。这座坟冢高7米，是墓地中最大的墓葬之一。这座公元前3世纪的萨尔马提亚墓葬

伊帕托沃墓葬中的贵族女性

修筑在一座公元前4000年的麦考普文化（Maykop culture）墓葬的上面。这名萨尔马提亚女性左膝微微抬起，她的脖子上套着六个螺旋状的金项圈，两只手臂上分别带着一只金手镯，指头上戴着两枚用希腊钱币制作的金戒指，腰带上包着金饰牌，挂着一柄包金铁短剑。另外，她身旁还随葬着一个包金的木杯、一个包金的木制化妆盒。同样，这位女性穿着华贵，有着王者的姿势和武士的装备，可能也是当地部落的女王。

随着考古发现逐渐增多，阿马松神秘的历史正被慢慢揭开。希腊史诗对她们生活习俗的描述可能存在艺术的夸张，但我们却知道，萨尔马提亚部族中一些女性的确也是战场上的武士，其中一些女性身份尊贵，甚至可能扮演着部落首领和祭祀的角色。

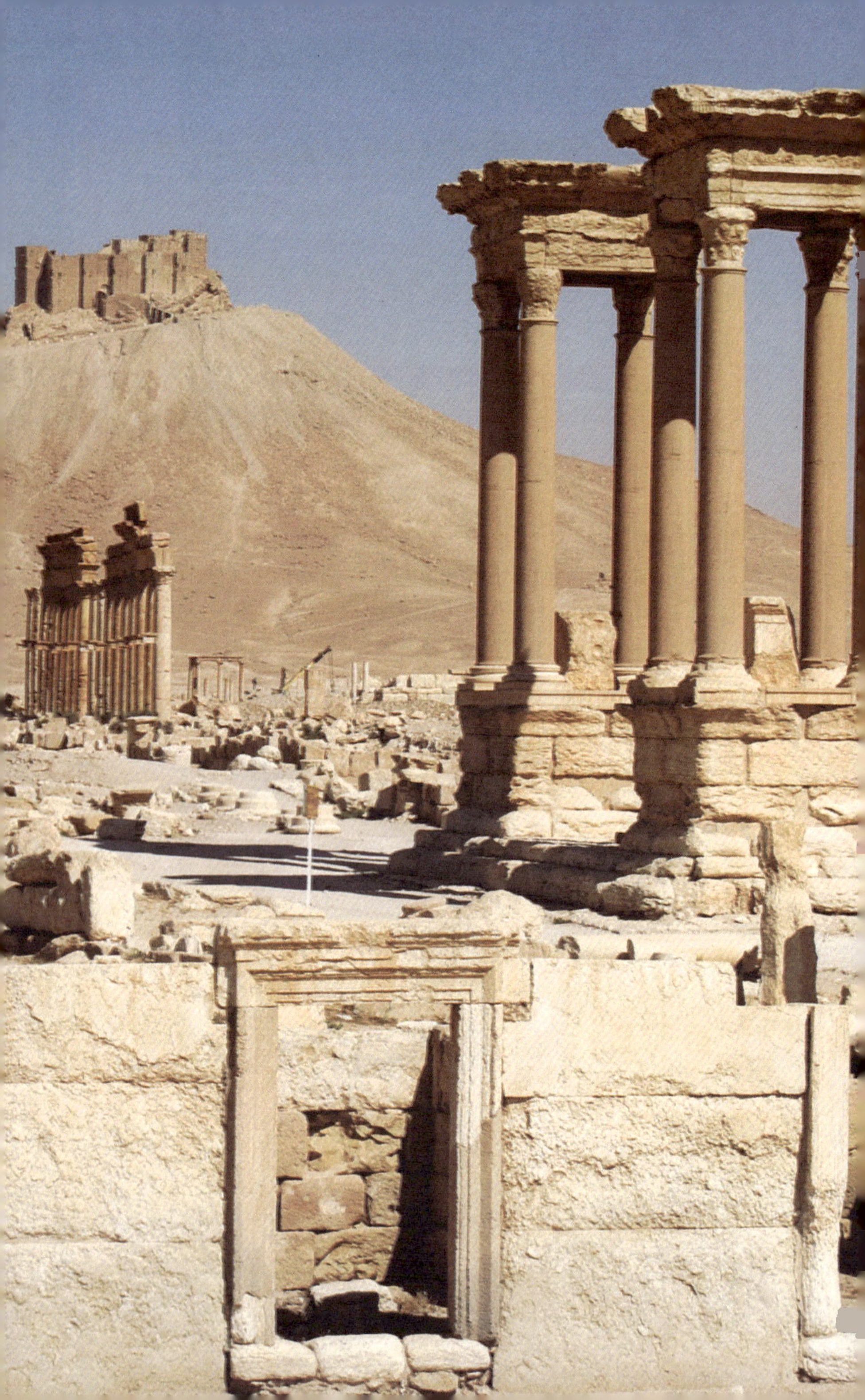

第六章

中亚的萨迦人

贝希斯顿百米高崖上刻写着大流士一世的赫赫战功。铭文中记载大流士一世曾亲率大军在咸海修筑浮桥，越过锡尔河降服了中亚的游牧民——萨迦部落。萨迦人着尖帽、皮衣、皮裤，能攻善战，为波斯帝国屡立战功。哈萨克斯坦中部萨迦人的墓葬形似"胡须"，是否与太阳崇拜有关？伊塞克山谷中一座贵族墓葬中，"金人"身着4000件华丽金饰件，他是巫师还是部落首领？

| 草 | 原 | 霸 | 主 | —— 欧亚草原早期游牧民族的兴衰史

一、崇拜豪麻的萨迦人

阿契美尼德波斯人把生活在黑海北岸和中亚草原的游牧民族都称为萨迦人。公元4世纪以前的希腊人认为中亚的萨迦人是斯基泰人属下的一支游牧部落,而后在亚历山大东征的时候,已经开始称呼他们为亚洲斯基泰人,用来区别黑海北岸的欧洲斯基泰人。

波斯帝国取代亚述、米底,称霸伊朗高原之后,北方游牧的萨迦人经常侵扰其边境,时刻威胁着波斯帝国的安全。波斯帝国建国之初的三代君王几经挫折,才巩固了对中亚的统治。与斯基泰人一样,中亚的萨迦人是马上的弓箭手,不筑城郭,以游牧为业。他们擅长运动战,常诱敌深入,在敌人饥困疲乏之际实施致命的打击。波斯帝国的开创者居鲁士就曾在进攻马萨盖特人的战争中丧生。马萨盖特人驻牧于锡尔河北岸,是萨迦部族下一支骁勇强悍的

贝希斯敦铭文

部落。居鲁士之子冈比西斯继任以后,虽然征服了中亚,但他残暴无度、横征暴敛,波斯帝国内的反抗起义此起彼伏。冈比西斯的统治仅持续了短暂的七年便结束了。此后足智多谋、踌躇满志的大流士一世在继任王位后的一年中,率领波斯大军逐一扫平了以米底高墨达为首的一批割据势力。他在公元前518年从尼萨发兵,一路东进,征服了印度河西北部的部族之后,又挥军北上,于公元前517年平息了锡尔河一带的萨迦人。回国之后,大流士为了宣扬自己的功绩,命人在伊朗克尔曼沙汗省贝希斯敦高岩上刻下他的赫赫战功。

贝希斯敦铭文刻凿在100米高的陡峭山崖上,高15米,宽25米,上面用古波斯语、埃兰语、巴比伦的阿卡德语三种文字写成,记录了大流士镇压高墨达等各地叛乱、取得王位的经过。贝希斯敦铭文的顶部,雕刻着英武的大流士踩着高墨达,另外9个人双手束于身后、排成一列站在他的面前。他们都是各地叛乱的首领,被带回波斯王都后依次斩首。队列中最后一人就是萨迦的首领斯昆哈。铭文末尾提到大流士与萨迦人的军队一起来到咸海锡尔河一带萨迦人的领地,这里的萨迦人都带着尖顶的帽子。波斯大军在咸海附近修筑了浮桥,越过锡尔河猛烈进攻,击溃了萨迦人的军队,擒获了他们的首领斯昆哈。后来大流士又派遣另一个人担任他们的首领,从此这里便成为了波斯帝国统辖的地区。铭文浮雕上的萨迦王斯昆哈带着高耸的尖帽,须发浓密,身着开衫外套,装束与黑海沿岸的斯基泰人非常接近。

中亚的萨迦人也分为许多个部落,其中一部分被波斯征服后划入波斯的行省。大流士将波斯辖境分作23个行省,并要求每个行省都要向波斯王纳贡。贝希斯敦铭文、大流士的苏萨铭文和纳克泽·罗斯塔姆(Naqse Rostam)铭文,以及后来薛西斯一世的波斯波利斯铭文中都提到波斯属下的"萨迦"、"崇拜豪麻的萨迦"、"戴尖帽的萨迦"、"海对面的萨迦"等都曾来到波斯王都贡献方物。其中,"海对岸的萨迦"

可能就是大流士一世最后征讨的锡尔河北岸的萨迦部落，也就是以前让居鲁士殒命的那个马萨盖特部落。

大流士在位期间还修建新都，将波斯王都从苏萨迁至伊朗扎格罗斯山前的波斯波利斯。同时还在王宫四周的台基上浮雕着波斯辖境的各郡代表前来朝贡的场景。其中就有我们前面提到的戴尖帽，贡献骏马、衣裤和手镯的萨迦人。

归顺波斯人的萨迦部落不但要定期向波斯王呈献土产方物，还要派遣勇士充入波斯军队。组成波斯军队的各个民族中，最英勇强悍的就是萨迦的骑兵和波斯的步兵。这些萨迦部落勇士后来随波斯军队参加了攻打希腊的马拉松战役和温泉关战役。

公元前331年，马其顿国王亚历山大大帝在高加米拉（Gaugamela）战役中以少胜多，击溃了大流士三世率领的波斯大军。这些波斯军队中就有萨迦部落的骑兵，他们的统帅名叫冒阿克斯（Mauakes），两军对垒的时候，这些萨迦骑兵的军阵就在马其顿大军右翼的对面。在焚毁了波斯王都波斯波利斯之后，亚历山大大帝挥兵东进，征服了中亚各部萨迦人。

二　王陵：伊塞克金人

关于萨迦人的习俗，希腊和波斯文献中都语焉不详，只提到他们与黑海沿岸的斯基泰人一样，也流行戴尖帽、穿裤子，他们弓强马壮、不事农耕，而是以游牧和渔猎为生。锡尔河北岸的马萨盖特部落流行使用黄金来装饰盔甲、腰带和马具，他们使用的武器是青铜铸造的矛、战斧和弓箭。马萨盖特人流行一种独特的葬俗，当部落中的一个人年纪很大的时候，族人会聚在一起把他杀死，然后支起大锅煮他的肉。在葬礼的宴会上，族人还要宰杀一些牲畜，混着死者的肉一起分吃掉。他们认为这是一个死者最大的幸福。如果病死埋在土里而不是被活着杀死吃掉的话，就被认为是一件很不幸的事情。马萨盖特人对面，生活在伊犁河一带的伊塞顿部落流行着类似的葬俗。当老人死去的时候，死者亲近的族人要带着羊过来，先宰掉羊献神，切下羊肉。然后他们将死者身上的肉也切下来，与羊肉混在一起分食。他们还会把死者的头皮剥下来，把头骨擦干净之后镀上金，当做圣物保存，以后每年都要向这个头骨举行盛大的祭祀。关于宗教，希罗多德称马萨盖特人只崇拜太阳，他们献给太阳的牺牲是马，因为他们认为只有人间最快的马才能配得上诸神中间最快的太阳。

从考古发现来看，广袤的中亚草原是早期铁器时代古代游牧民族最早的发源地之一。早在公元前14—前11世纪，这里的居民就发明并开始使用马具，向游牧的生活方式和生产方式过渡。他们可能并不从属于一个民族，而是分布在不同地域的多个部族。由于他们没有自己的文献，学者们还是按照波斯的习惯，统称他们的遗迹和遗物为萨迦文化。考古学家根据自然地理环境和遗存的相似程度，将萨迦文化分为五个文化区。

哈萨克斯坦中部

公元前 7—前 3 世纪，这里生活着"塔兹莫拉（Tasmola）文化"的萨迦部落。墓地规模都不大，一般一个墓地中有 10 到 15 个坟冢，坟冢高度多在 0.2 米至 1 米之间。坟冢的建筑样式非常独特，被研究者称为"胡须墓"。胡须墓是指一座或两座南北并列的大型的坟冢东边，还有两座小型坟冢。大小冢之间的地面上用竖起的石块连接。从平面上看，立石连接的小坟冢就像是大冢的胡须一样，因而得名胡须墓。这些坟冢都是用土和石块砌筑而成的。小冢下面一般有一个石片砌成的小坑，里面葬着马、马具或两三件陶器。有的小坑中还有火烧过的痕迹，可能与祭祀有关。由于小冢都在大冢的东面，有学者推测这种胡须墓可能与太阳崇拜有关。大冢下面的墓坑中埋葬的死者都是仰面向上平躺在棺椁中，头顶朝向北面或西北方向。埋葬男性的墓坑通常是一个竖直向下掏挖的长方形墓坑，里面随葬着装饰动物纹的青铜饰牌、带扣、磨刀的砺石。脚下随葬配备马具的马匹，弓、箭以及羊头或羊肢骨。女性的死者通常埋葬在墓坑下部侧面的偏室中，偏室和墓坑之间用石板封堵，常见的随葬品是萨迦部落流行的边缘

胡须墓

卷起、背面中央有一个桥形钮的铜镜，另外还有一些石制的四条腿或平底的小祭坛。这里的萨迦人流行的动物纹图案是野猪、山羊、老虎和格里芬。他们使用的武器和马具的样式基本与斯基泰人的相同，但短剑在墓葬中很少发现。这样的墓葬建筑结构一直延续到公元前3世纪，没有太大变化。

哈萨克斯坦东北部

这个地区最早发现的萨迦墓葬的年代是公元前8世纪。墓葬结构与哈萨克斯坦中部的萨迦墓葬相似，也流行竖穴土坑墓和偏室墓两种类型。所不同的是，大冢周围没有胡须状的小冢，成殓死者尸体的葬具多是用石板围砌而成的石椁。这里最著名的是在齐列克塔（Chilikta）河谷发现的大型墓葬群。这里的大型坟冢直径在20米至100米，最

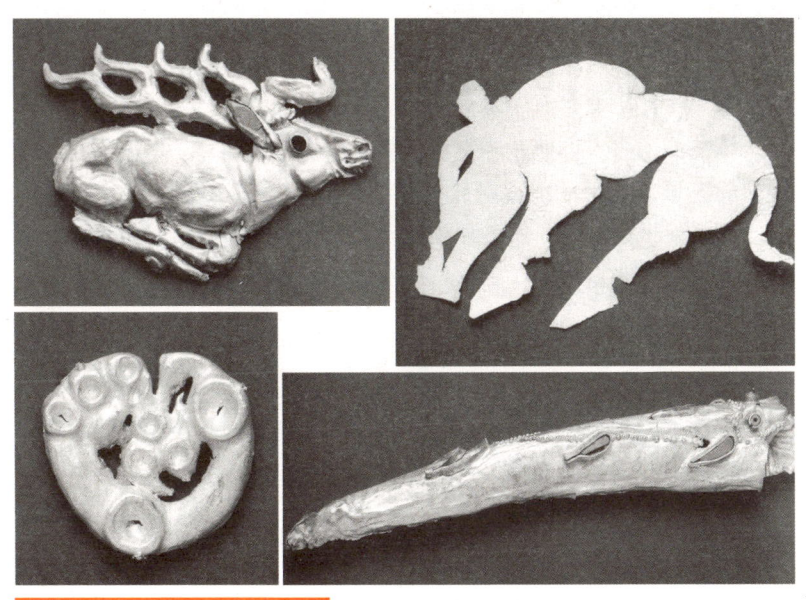

齐列克塔墓葬出土动物纹金饰件

高的可达 10 米。坟冢主要用石块堆砌而成，有的大墓周围还要加筑一圈石围，标志墓葬的茔园。死者也是呈仰身直肢的姿势放置，头顶朝向西面。墓葬中随葬着大量黄金制品和珍贵珠宝。死者衣服和腰带上缀满了鹿、雪豹、野猪、鹰、格里芬的动物纹金饰片。有的上面还镶嵌着红玉髓、绿松石、玻璃珠。值得注意的是，墓葬中还出土了一个青铜制祭盘，盘沿装饰着 10 只类似狮子的圆雕。这种祭祀用的铜盘在前文提到过，新疆伊犁河流域和天山中部都曾发现过，可能是用来盛放祭祀的贡品，不只用于祭祀死者，可能也用于祭祀他们崇拜的神祇。

身体蜷曲的雪豹、屈卧的雄鹿以及足尖伫立的野猪都是西伯利亚动物纹风格典型的特征，写实的动物纹造型则表明墓主人可能与东面阿尔泰山、萨彦岭一带的居民存在密切的文化联系。墓葬中出土的马具、武器、日用品等基本与哈萨克中部萨迦部落使用的相同。

锡尔河下游和阿姆河流域

这个地区有可能就是文献记载中萨迦人的一支——马萨盖特部落活动的区域。这里的萨迦贵族墓葬的坟冢直径在 30 米至 40 米之间，残高 0.3 米至 2 米。墓葬多为竖穴土坑墓。墓坑底部用原木搭建一个木椁，木椁的四角用木柱支撑，然后将死者的尸体放在藤条编织的垫子上，仰身直肢，头向西或西南方向。有时在放置死者的尸体后还将藤垫烧掉，似乎是一种火葬的形式。普通萨迦人的墓葬规模要小很多，一般也是单人葬。但在一些地区也发现将多具萨迦平民的尸骨集中埋葬在同一个墓坑的合葬墓。这里的萨迦人随葬物品也有弓箭、短剑、战斧、卷沿桥形钮的铜镜和石制的四腿或平底小祭坛。其中短剑的剑格是心形的，与斯基泰人的剑的造型很接近。其装饰的动物纹也是以羊、鹿、狼、格里芬、身体蜷曲的雪豹为主，造型与哈萨克斯坦东部的萨迦人的动物造型相似，但是要更加抽象一些。比如雪豹的鼻子、眼睛、耳朵、爪子和尾巴都是用小圆圈来表示。女性佩戴的耳环造型比较独特，耳环下面的坠饰酷似一枚子弹，最下面镶嵌着一枚绿松石。

天山和七河流域

这个区域包括了西天山以北、阿尔泰山以南、巴尔喀什湖周边的七河流域地区。这里发现最早的萨迦墓葬的年代在公元前8—前7世纪。墓葬的形式多样，有竖穴土坑墓、偏室墓两种，葬具也有木椁和石椁两种，死者的尸体有的以仰身直肢的姿势摆放，也有的以侧着屈肢的姿势摆放。随葬品多数与其他地区的萨迦人一样，所不同的是他们使用的陶器大部分都是圜底的，而且他们使用的三足铜鍑和青铜祭盘在其他萨迦部落中很少见。

中亚萨迦人使用的三足青铜鍑

许多历史学家与考古学家推测这个区域是古典文献中伊塞顿人活动的区域,也是斯基泰人的起源地。现在还无法证实这些推测是否属实,但是可以肯定的是,这里的萨迦部落向东与伊犁河谷,向东北与阿尔泰山地区的游牧民联系紧密。前文提到伊犁河流域巩乃斯河畔出土的阿瑞斯神像、马祭的青铜环、三足青铜鍑和青铜祭盘可以证明,这里是萨迦部族重要的活动中心之一。

这里最引人注目的是1969—1970年苏联考古学家阿基舍夫在伊塞克墓地的发掘工作。这片墓地位于哈萨克斯坦首府阿拉木图东面50公里的伊塞克山间谷地当中。墓地中共有45座大型土筑坟冢,坟冢直径多在30米～90米之间,高大4米～15米。这些巨大的坟冢南北绵延三公里,被当地人称为王陵区。由于标志过于明显,这些坟冢大部分在早年就被盗掘一空了。阿基舍夫在清理这些被盗掘的墓葬的时候,在一座直径60米、高6米的坟冢下发现两个墓坑。一个墓坑在坟冢中央的正下方,里面已被盗掘,但从周围的迹象来看,里面似乎没有埋葬任何东西。另一个墓坑在坟冢南面,里面放置着一具长3.3米、宽

伊塞克金人复原

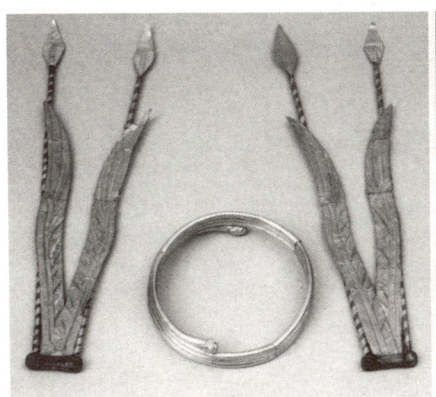

伊塞克金人墓随葬黄金饰件

1.9米的天山云杉木板搭建的木椁。木椁内还放置着一具2.9米×1.5米的小木椁。这座墓葬保存完好,没有任何被盗掘过的迹象。可能中间的那个空墓坑迷惑了盗墓者。木椁中放置着一具死者的遗骸。他穿着的衣服上下缝缀着黄金锤碟的金饰片,由于衣服的有机质已经腐朽,金饰片包裹着死者,看上去就像一个"金人"。整座墓葬中出土的金器约有4000多件,数量多得惊人,因而这座墓也被学者们称作"金人墓"。他头上戴着一顶尖帽,尖帽上装饰着鹿角和矛、树木和飞鸟形状的金饰件,额头上装饰着两只长着山羊角和翅膀的飞马,以及两只后肢翻转180度的老虎。他的脖子上戴着一条弹簧状的金项圈,项圈末端装饰着雪豹的头,身上穿一件开衫外套,外套上缝满了麋鹿头和虎头纹样的金饰片,袖口、领口的一些金饰片上装饰着后肢翻转180度的马和麋鹿的图案。他的腰带上装饰着麋鹿形状的透雕金饰牌,腰带左侧配挂着一柄包金的铁制长剑,右侧配挂着包金的弓箭袋和一柄铁短剑。他脚下的长靴上也缝满了金饰片。此外在木椁西南角还整齐地摆放着陶器、木器、长柄银勺、木勺、青铜镜等30余件物品。

斯基泰墓葬中出土的鱼形金饰牌

学者们将这座墓葬判定为公元前4世纪萨迦部落贵族的墓。这样华丽的装束让美国考古学家戴维斯·金博联想起萨尔马提亚部族中武士装扮的女巫师。令学者们惊讶的不只是墓葬中出土的金器数量,而是这些金器纹饰的造型。其中装饰树木和飞鸟的金饰件的题材来自近东,长着山羊角和翅膀的飞马像是希腊的艺术题材,弹簧状的项圈以及带柄的厚实铜镜与萨尔马提亚人同类物品的造型接近。而虎、麋鹿、后肢翻转180度的马的造型,则是西伯利亚动物纹风格的典型姿态。另外金人帽子上装饰的山羊角与东北部阿尔泰山的巴泽雷克人群殉马的面具上的图案十分相似,也与西伯利亚广泛流行的萨满巫术有关。可见,公元前4世纪伊塞克谷地的游牧民们与东西方都存在着广泛的文化联系,他们将这许多文化的元素吸收、融汇,形成了自己独特的装饰艺术风格。

费尔干纳谷地、天山、帕米尔地区

这个区域位于西天山及其以南的高山丘陵地带。考古学者在这里发掘的萨迦墓葬数量并不多。最大坟冢直径在40米左右,墓葬流行竖穴土坑的结构，死者是以侧身屈肢、头向西的姿势放置在藤条编织的垫子上。死者的眼睛上还罩着从印度进口的海贝。随葬的武器中有斯基泰式的剑格呈蝴蝶状的短剑。这个地区的萨迦部落可能有一部分向东进入了昆仑山区。2001年，中国社会科学院考古研究所新疆队在昆仑山南麓海拔2800米的台地上发掘了一处公元前一千纪初的墓地。墓葬地表有圆形的石堆或石圈，封堆下是竖直向下的长方形墓坑。墓坑中埋葬的死者的身体都是呈侧身屈肢、头向西的姿势放置在原木搭建的尸床上。死者身边随葬着马、牛和羊等牲畜的头骨和蹄子，角制的三孔马镳和青铜马衔，还有铜镜和一些戳印几何纹样的手制陶器。有的死者还带着金耳环和金珠串成的项链，手臂上带着青铜手镯。这些迹象都表明，墓地埋葬的人群可能是公元前9世纪左右迁徙到这里的游牧民族。另外，一些死者的头顶和两肩上都发现了圆形的穿孔海贝，这与费尔干纳和帕米尔高原的萨迦部落流行的习俗很相似。

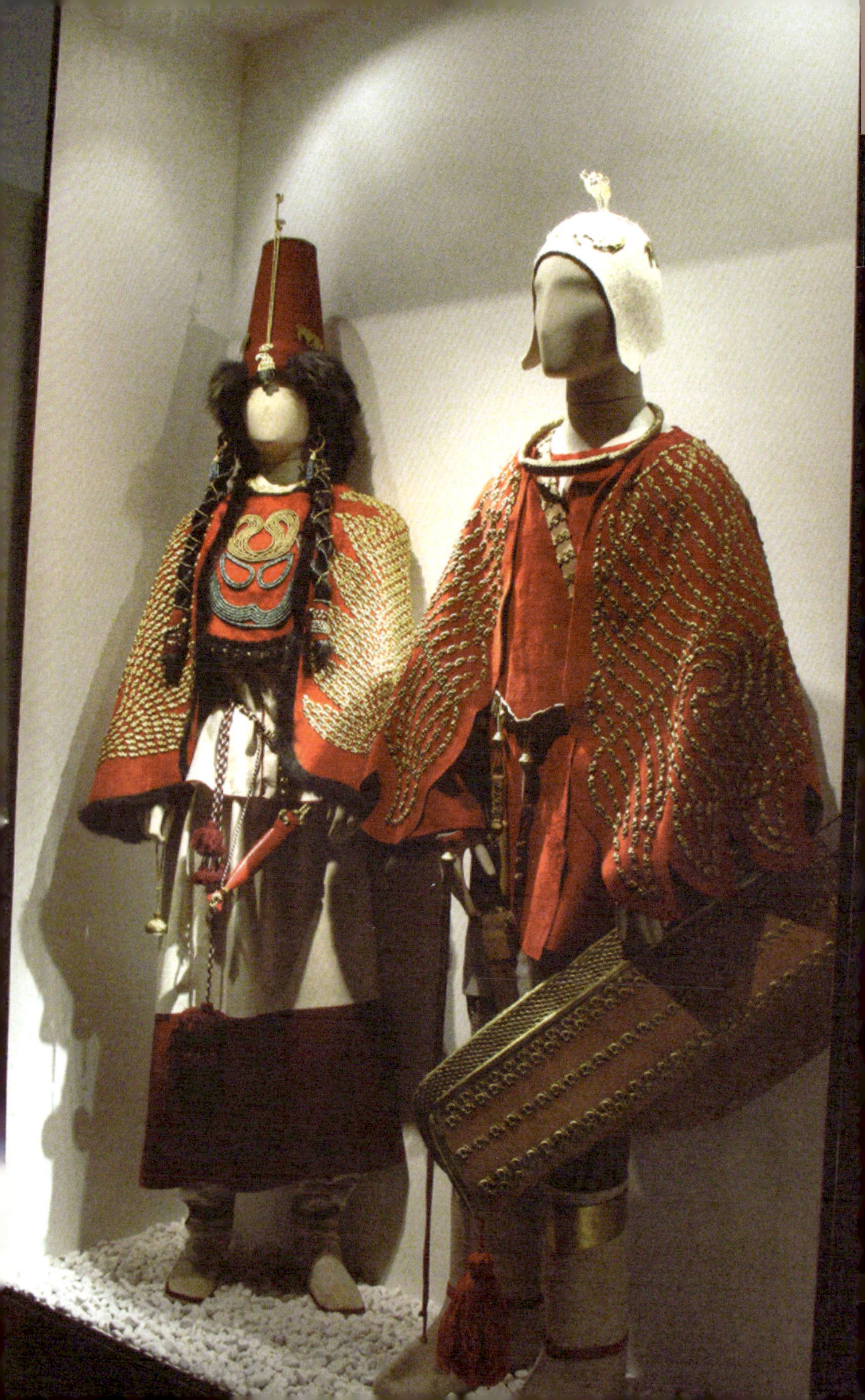

第七章

南西伯利亚的游牧人

　　中亚草原东北部隆起的南西伯利亚高原草木繁茂，是古代游牧民优良的牧场和猎场。1929 年一座冰封数千年的游牧人墓葬被发掘，精美的木器、毛织品、装饰鹿角的马匹、神话动物纹似乎说明当地人群中弥漫的浓厚的萨满巫术和对鹿的崇敬。西亚的乐器、汉地的丝绸与铜镜也揭示出他们曾活跃在草原商道上，充当了东西方文化交流的桥梁。种种迹象显示，丝绸之路开通之前，中国北方地区的游牧民与萨彦—阿尔泰地区保持着密切的文化联系。

一 巴泽雷克冻土墓

研究史

巴泽雷克文化人群的发现要追溯到 150 多年前,俄国著名突厥学家拉德洛夫(V. V. Radloff)1856 年在阿尔泰山南麓高山河谷内发掘了波莱尔(Berel)和卡坦达(Katanda)两座大型冻土墓。这种冻土墓是古代游牧民埋葬在高山上接近雪线的墓葬。墓葬是在夏季埋葬,山上积雪融水和地下水渗入疏松的墓坑,在冬季冻结。被冰封住的墓坑像一个大冰块,到了来年的夏天也不会融化。因此这种冻土墓给考古发掘工作带来了很多困难。早年的拉德洛夫由于缺乏经验,他用烧热的水灌入墓室中来融化寒冰,然后再把水排干进行发掘,但墓室中一些有机物品因为被水浸泡而损毁。无论怎样,拉德洛夫的工作是阿尔泰山地区最早的

巴泽雷克冻土墓

科学发掘。这两座墓葬都已在早年被盗掘，但是墓葬中还是出土了许多精美的马具和毛织品，引起了学术界的关注。1924年在列宁格勒国家民族人种学博物馆的资助下，一支由鲁金科领导的阿尔泰探险队再次来到这一区域进行考古调查，在巴泽雷克山谷内发现了一处冻土墓地，这些墓葬地表都有石块和土堆筑的坟冢，沿着河谷呈链状排成一列。在做完记录后，鲁金科便率队返回了。五年后，苏联考古学家格里亚兹诺夫（M. P. Gryaznov）在巴泽雷克墓地挖开了第一座坟冢，这座坟冢也是在早年被盗，椁室内被盗墓者洗劫一空。但是在椁室的北面却完整地保存着10匹殉马，殉马身上配备的马镳、笼头是用木头制作的，上面生动地雕刻着各类动物纹图案，有的还包着金箔。有意思的是，这10套马具的造型和动物纹图案各不相同。二战后，鲁金科再次率队来到巴泽雷克墓地，发掘了另外7座墓葬。其中出土了大量木器、毛织品、皮具和金属器。巴泽雷克墓地得天独厚的气候条件，使墓坑就像一个天然的冰箱，马匹和死者的肌肤、毛发都完好地保存了下来。此后鲁金科又在巴泽雷克墓地周围的地区做过调查和发掘，他发现这里的人群都用石块堆筑坟冢，在坟冢正下方掏挖一个方形的墓坑，墓坑底部都有西伯利亚落叶松原木搭建的巨大的木椁，木椁北面都殉葬着数目不等的配备马具的马匹。除了墓葬的建筑结构，随葬的物品也非常相似。鲁金科用他最初发掘的墓地的名称来命名这个部族——巴泽雷克文化人群。

巴泽雷克文化

根据苏联考古学家的研究，阿尔泰山地区巴泽雷克文化的形成是在公元前8世纪，随后经过不断发展一直延续到公元前3世纪，之后被东面蒙古高原崛起的匈奴人征服并融入到匈奴的部落联盟之中。巴泽雷克文化人群的发展过程分为三个时期。

公元前 8—前 7 世纪的时候，阿尔泰山地区的游牧文化已初步形成。部族成员之间的等级差异也很分明。他们墓葬的建筑结构有三种：一种是木椁墓，也就是鲁金科在巴泽雷克墓地发掘的那种墓葬。地面的坟冢规模大小不等，高等级贵族墓葬的坟冢直径在 25 米～50 米之间，中小型墓葬封堆的直径也在 3.5 米～25 米之间。封堆下是方形的墓坑，里面放置一具落叶松原木搭建的木椁，这种木椁就像现在森林草原地带一些牧民搭建的小木屋一样，结实保暖。埋葬高等级贵族的木椁通常修筑得非常高大，里面还要再放置一具木棺，用来盛放死者的遗骸。木棺有的是用几块木板钉合在一起，有的是用一根粗壮的圆木，在侧面掏出一个凹槽，将死者放在里面以后，再在上面盖上盖子，这种木棺被称做"半剖木棺"。巴泽雷克文化人群每座墓葬中通常只埋葬一人或两人，死者身体的摆放姿势都是一致的：左臂向下，侧身屈肢躺在棺木里，头向西面或东面。木椁的北面留着一个稍微高起的台子，上面殉葬马匹，这些马匹多是用于骑乘的，身上都配备着马衔、马镳和鞍鞯。殉马的数量与死者的身份地位、财富呈正比。多的数十匹，最少的也有一匹。

另外两种墓葬规模都不大，其中一种墓葬地面没有用土或石块堆筑的坟冢，而是用石头围成一个直径 6 米～10 米的圆形石圈。石圈里面挖两个不足半米的浅坑，坑的边缘砌一圈鹅卵石。其中一个坑里埋葬 1 人～2 人，他们也是侧身屈肢、头向西南方躺着。随身下葬的有青铜短剑、鹤嘴锄战斧、箭头、小刀和一些小饰件，另外的一个坑里殉葬一匹或多匹马，有的仅有几件马具。另外一种墓葬，地面有低矮的封堆，下面有一个很浅的长方形墓坑，里面放置一具石椁。这种石椁使用大片石块围砌而成，从外面看像一个石头箱子，因此也有学者形象地称之为"石箱墓"。这种石箱墓在青铜时代就已经出现，后来被巴泽雷克文化人群的普通牧民沿袭了下来。石箱里的死者也摆放着侧身屈肢、头顶向西的姿势。与前两种不同的是，这种墓葬中一般不殉葬马匹。这个时期阿尔泰居民随葬的物品包括青铜制作的短剑、管銎的战斧、双翼和三翼的箭头等武器，棒状或獠牙状的马镳，平底的手制陶器，装饰雪豹纹样的饰牌。装饰图案主要是自然写实的单体动物。

公元前6—前5世纪的时候，巴泽雷克文化人群的墓葬结构和埋葬习俗与早期一致，但是随葬物品更加丰富。马具发展得更加完备，最典型的特征是出现了木制的鞍桥。鞍桥是骑马游牧人的重要发明。此前的鞍鞯只是一个毛毡制作的垫子，人们在骑乘的时候容易滑落。而鞍桥出现以后，像一个弧形的卡子可以将马鞍牢牢地固定在马背上，增加了骑马人的安全和舒适。这个时期巴泽雷克文化人群在与西部中亚草原的联系中，把一些来自西亚的艺术元素也融入到他们的装饰艺术当中，形成了自己独特的装饰纹样。他们的装饰艺术主要表现在马

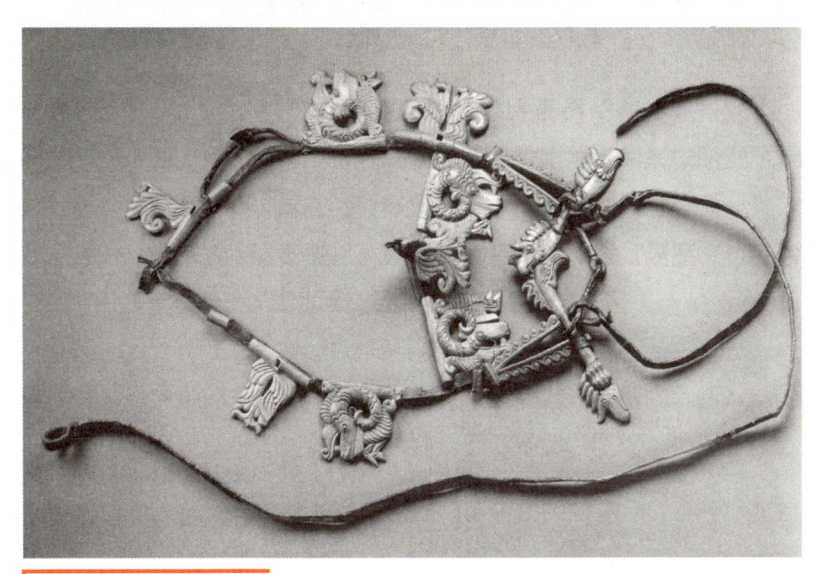

巴泽雷克墓地出土的马具

具等木器以及毛织的鞍鞯上。除了早期獠牙状的马镳外，当地发展出一种"S"形的马镳，马镳是用木头雕刻而成的，两端雕刻着格里芬头或花卉的形状。木雕的当卢、饰牌以及鞍鞯上装饰着双翼下垂的老鹰、老虎、狮子、马和花卉的纹样。贵族墓葬中的木制马具外面通常还裹覆着金箔。动物纹仍以单体出现，很少见动物搏斗的场景。

来自西亚的艺术题材主要是狮子和格里芬。图雅赫塔1号墓葬中出土了一件狮形的木雕，狮子的身体从颈部以下向两侧展开。这只狮子的肩膀上还长着翅膀。锋利的后爪雕刻得很细致。同一座墓葬还出土了一件鹰形格里芬造型的木雕。格里芬长着弯钩形状的鹰喙，头顶和脖颈上长着多股狮子的鬃毛，背上长着翅膀，有狮子的爪子和尾巴，前腿直立，后腿半屈。巴泽雷克的艺术家还将西伯利亚动物纹的造型移植到这只格里芬的身上，将它的后肢翻转了180度。这些西亚的艺术元素如何会出现在千里之外阿尔泰山的巴泽雷克文化人群的艺术品中，至今仍是一个谜。他们或许是从与波斯帝国联系紧密的中亚萨迦人那里间接地接触到了这些题材，并把它们融入到自己的艺术当中去了。

与此同时，巴泽雷克文化人群还开始在殉马的头顶上装饰鹿角形状的木雕，把马装扮成鹿的模样。据学者们的研究，这样的做法并不仅仅是一种普通的装饰，而是反映了阿尔泰地区浓厚的萨满巫术。阿尔泰地区在巴泽雷克文化人群出现之前就盛行萨满巫术。他们信奉很

巴泽雷克墓地殉马佩戴的面具

多自然神和动物神。其中鹿被认为是一种充满了灵性、能够沟通人间与神灵的动物。公元前2000多年，这里的奥库涅夫古代居民在他们的祭祀地树立很多石雕，石雕上身着法衣的萨满巫师的头顶就装饰着鹿角。此后在公元前1200年前后，在祭祀地出现的一种被称做"鹿石"的石雕上，也雕刻着鹿的形象。这种鹿石抽象地表现了武士的形象，带着耳环、腰带，腰带上还配挂着弓箭袋、战斧、短剑，但是并未表现出武士的脸和四肢。据学者们推测，鹿石上雕刻的鹿可能表现了武士身上衣服的装饰，以及文身，这说明了当地居民对萨满巫术的信奉。巴泽雷克文化人群对殉马的装扮，很可能也表达了同样的愿望，希望它能够具有鹿的灵性，成为沟通人神之间的桥梁。

公元前4—前3世纪，阿尔泰巴泽雷克文化人群与欧亚草原西部的文化联系更加密切。大量波斯和希腊文化元素涌入阿尔泰山，丰富了当地的艺术题材，并可能也融入了他们的宗教信仰。在波斯艺术影响下，马具、毛织品的装饰纹样更加繁缛，出现了动物搏斗的装饰题材。比如巴泽雷克墓地出土的毛织鞍垫上，用不同颜色的毡块以贴花的手法缝制出长着翅膀和鬃毛的狮形格里芬扑咬山羊，鹰头狮身张开双翼的鹰形格里芬扑咬山羊，张开双翼的老鹰扑抓麋鹿的场景。另一件皮囊扁壶外面，还用剪影的技法展现出鹰头鹰身的格里芬啄咬鸭子的场面。其中山羊、狮子的肩、臀部位的肌肉都表现为圆圈和水滴状的纹样。另外，一些木器上也雕刻长着山羊角和翅膀的狮形格里芬。同时，一些毡毯上也有狮子的图案，这些都是波斯石雕、金银器以及滚筒印章上常见的题材。巴泽雷克墓地出土的一些木雕鹰形格里芬的鬃毛表现为鱼鳍状，造型与希腊艺术中的格里芬造型非常接近。这样的艺术元素可能是从黑海北岸斯基泰人向东经乌拉尔的萨尔马提亚人，中亚草原的萨迦人、最后传入了阿尔泰山地区。这样的文化交流可能是伴随着商贸进行的。

巴泽雷克毛织鞍垫

斯芬克斯与神鸟搏斗的毡毯

巴泽雷克5号墓葬的木椁内壁覆盖着一张毛毡的毯子。毡毯上同样用彩色毡块以拼花的技法表现了狮身人面的斯芬克斯与一只巨大的神鸟搏斗的场面。斯芬克斯是古代埃及、西亚和希腊的神话动物。这张毡毯上的斯芬克斯造型模仿波斯艺术题材，他上半身是一个长着胡须的男子，背上长着羽翼，下半身长着狮子的后腿和尾巴。经巴泽雷克工匠的加工，他的头顶长着麋鹿的角，更具神性。斯芬克斯扬起身子，一只手抓住神鸟的嘴，一只手攥紧它的脖子。而他对面的这只神鸟，其造型可能模仿了东方楚国织锦上的凤鸟。

同一座墓葬的西北角还发现过一张天鹅绒的毛毯。上面的图案有排成行走的狮子、狮形格里芬和骑士。据学者们的研究，这张毛毯是模仿波斯毛毯的图案在中亚制作的，后来通过交换落入巴泽雷克贵族的手中。

巴泽雷克文化人群还使用一种源自西亚的乐器——箜篌。箜篌是汉文典籍的称谓。在西方称作竖琴，公元前 4000 年的埃及和美索不达米亚平原就已经开始使用这种乐器。箜篌是一种弹奏的乐器，都有音箱、琴杆和琴弦。箜篌大致分为三个种类，一种箜篌音箱是竖起来的，音箱下面垂直插上琴杆，音箱和琴杆呈直角的角形箜篌，这种箜篌体积较小，演奏者可以坐着把它抱在怀里弹奏。另一种是弓形箜篌，这种箜篌的音箱也是竖起来的，音箱和琴杆连成一体好像一张弯曲的弓。弓

波斯式的天鹅绒毛毯

形箜篌体积大一些，音箱通常要支撑在地面上，由演奏者站着弹奏。还有一种是卧箜篌，它的体积和角形箜篌差不多大，但音箱是水平放置来弹奏的。巴泽雷克 2 号墓葬出土的是一件木制的角形箜篌。琴杆、琴弦、音箱以及音箱上的蒙皮都保存得很好。有学者认为，巴泽雷克文化人群用这种源于西亚的乐器在酒席宴前弹奏助兴。但另一些学者则认为，箜篌主要用于葬礼。

前面提到斯基泰人最崇敬的女神塔比提，她的原型是波斯琐罗亚斯德教中的阿娜希塔女神。黑海北岸斯基泰墓葬的许多金器上都装饰着斯基泰王谒见手握铜镜的塔比提女神的场面。而考古学家在巴泽雷克 5 号墓葬中的一张巨幅挂毯上也发现了相同的题材。塔比提女神手握生命树，坐在一把椅子上，面前是一名骑在马上的游牧贵族。同一座墓葬中出土的毛织衣物上，还装饰着许多四方格。每个格子中间有一火坛，火坛两侧各站着两个人。靠近火坛的两个女性手持莲花，头戴王冠，王冠向下有披巾，着装与波斯的阿娜希塔女神非常接近。阿

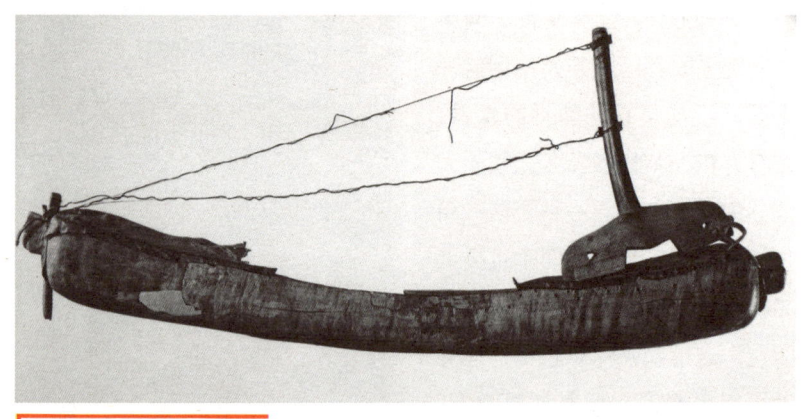

巴泽雷克墓地出土的箜篌

娜希塔女神身后的人带着王冠,但没有披巾,穿着华丽,他就是波斯帝国的王。整幅图案对称表现了阿娜希塔女神带领波斯王向圣火献祭的场景。这些题材都来自波斯的琐罗亚斯德教,而且都经过巴泽雷克工匠的艺术加工。它们并不是简单地作为一种装饰图案传入阿尔泰山,更可能是连同琐罗亚斯德教的阿娜希塔信仰一起植入巴泽雷克文化人群的宗教信仰当中。

可见,这时的巴泽雷克文化人群在诸多方面都在不断吸收波斯的艺术、宗教元素。有趣的是,他们还将波斯鹰形格里芬的造型嫁接在当地萨满巫术崇拜的神鹿的身体上,创造了鹿形格里芬的造型。这种鹿形格里芬被广泛用于装饰他们生活中的多种物品,比如木雕、毛毡,他们甚至还把鹿形格里芬文在自己的身体上,祈求获得某种神秘力量的保护。此外,他们还在殉马的头上装饰格里芬面具,面具上面就有模仿鹿角的装饰。巴泽雷克文化人群中贵族墓葬殉葬的多匹马身上的马具造型各异,这些马匹可能是其他部落奉献给这个死者的祭品。而这群马中最前面的马匹通常会戴着格里芬面具,有些面具上是鹿角,有些是山羊角。学者们推测,这些葬在最前面的戴着面具的殉马可能是葬仪中领头的马，格里芬面具赋予它们的神性可以随死者一起到达另一个世界。

1998—1999年，一支由法国、意大利、哈萨克三方考古学者组成的考察队在哈萨克斯坦东部的波莱尔地区发掘出一座巴泽雷克文化人群的贵族墓葬。墓坑中的木椁已经被盗墓者扰乱，但是木椁北面随葬的13匹配备笼头、鞍鞯的殉马却完好地保存了下来。其中最前面的两匹马就戴着面具，头顶上装饰着一只木雕的鹰形格里芬和两支波斯式的山羊角。鞍鞯的毛毡上也装饰着鹿形格里芬的造型。前文提到伊塞克金人墓中埋葬的萨迦贵族，头顶的尖帽上就装饰着鹿角的金饰片，可能表达了与巴泽雷克文化人群相同的含义，标志着萨满信仰中神圣高贵的力量。

巴泽雷克墓地就像古代游牧民留给后人的赠礼，将游牧民的许多不为人知的生活习俗冰封在木椁之中，经考古学家之手原封不动地展现在我们面前。比如希腊古典文献中提到的蒸气浴、剥头皮、将死者和马匹制成木乃伊的习俗、葬仪中使用的四轮灵车，以及不见于史册的文身习俗，等等。更令人吃惊的是，他们还与东面中原地区存在着一定的文化联系。巴泽雷克6号坟冢曾经出土过一件铜镜，直径11.5厘米，厚0.5毫米，背面中间有一个方形的钮，周围装饰着"山"字的纹样，底纹刻画得像一片片羽毛一般。这面铜镜做工精美，是战国时期楚国流行的羽地四山镜。另外在巴泽雷克5号坟冢中，一匹殉马的鞍鞯上缝着一块丝织物的残片，上面绣着树木和凤鸟，也是楚国最流行的凤鸟纹织锦。湖北江陵马山楚墓曾出土过图案类似的织锦，可作比较。此外巴泽雷克1号坟冢发现过一些漆器的残片，上面装饰着折线形几何纹样，与战国时期秦国的漆器纹样接近，原器可能是一件夹纻漆盒。这些汉地的舶来品可能是从中原北方沿着阿尔泰山从草原传入巴泽雷克部落，被贵族所享用。而用来交换这些物品的代价也应

马鞍上的凤鸟纹织锦

是相当昂贵的。

总体而言，萨满巫术盛行的巴泽雷克文化人群在公元前6世纪以后，在波斯艺术和宗教的影响下形成了以格里芬为主的装饰风格，他们擅长木雕，拥有发达的毛织技术。虽然大型坟冢大部分在早年被盗掘，但是从保存完好的殉马身上装饰的大量包金木器来看，巴泽雷克贵族一定与斯基泰人、萨尔马提亚人、萨迦人一样，流行使用大量的黄金来制作首饰，装饰衣服和马具。这些特点可能也被周围的部落注意到，演绎成古老的传说在欧亚草原上流传。希罗多德《历史》中曾记载中亚的伊塞顿人的东面居住着看守黄金的格里芬人，可能指的就是生活在阿尔泰地区巴泽雷克文化人群。在汉文典籍中，先秦的西域有个以毛织业著称的部落，名叫"渠搜"。渠搜一词在犍陀罗语中是毛织物的意思，表明他们是个以毛纺织业著称的古代部落，汉代的时候迁到了费尔干纳盆地。匈奴崛起的时候，冒顿单于曾征讨过北方的五个部落，其中一个叫做"屈射"的部落，可能就是后来的"渠搜"，也就是生活在阿尔泰山一带的巴泽雷克文化人群。

阿克—阿拉哈的女巫师

一直以来，考古学家在阿尔泰山调查的大型坟冢都在早年被盗，死者的身体被盗墓者从木棺中拖出来，身上的珍贵物品、衣物都被粗暴地夺走。每当看到木椁中一片狼藉，都让考古工作者痛心不已。俄罗斯考古学家库巴耶夫（Kubarev）和莫勒丁（V. I. Molodin）并不灰心，他们在20世纪70年代以后，在阿尔泰山的乌科克高原继续发掘了200多座墓葬，终于在1993年，博罗斯马克在阿克—阿拉哈3号墓地的第1号坟冢中发掘到了一座公元前5世纪的保存完好的女性贵族墓葬，为史学家了解巴泽雷克文化人群的社会组织、宗教习俗以及女性在社会中的地位提供了许多重要的线索。

这座坟冢位于阿尔泰山西南部海拔2500米的乌科克高原上，是用石块堆筑而成的，直径18米，中央最高的地方高出地面57厘米。坟冢正下方有一个长5米、宽约4米的方形墓坑。博罗斯马克在墓坑下1.2米深的地方首先发现了一具木椁，木椁是用长方形的木板搭建而成的，木椁上方盖着石板。石板上殉葬着三匹配备马具、用于骑乘的马。马头都朝向东方。木椁中平躺着一具男性的尸体，他的头顶也朝向东方。他右侧的木椁外有一个用竖起的石板围砌成的小龛，里面放着一件随葬的陶器和一盘盛肉的木盘，木盘里还放着两把环首铁刀。三匹殉马配备的环状铁马衔与巴泽雷克人群用的马具一样，同时还有些木制笼头上贴着金箔，这些都表明他是一个男性贵族。但是他并不是巴泽雷克文化人群一员，而是与他们一起生活在乌科克高原的卡拉—科宾（Kara-Kobin）人。这些人长期臣服于巴泽雷克文化人群，他们习惯使用石板砌筑的像箱子一样的石椁来盛殓死者的遗骸，也就是我们前面提到的石箱墓。公元前3—前2世纪的时候，阿尔泰地区的统治体系发生了变化。巴泽雷克文化人群逐渐走向衰落，而卡拉—

科宾人越来越大胆，他们不仅盗掘巴泽雷克人的墓葬，还将自己死去同伴的尸体葬在巴泽雷克人的墓葬中。但巴泽雷克人冰封的木椁就好像天然的保险柜，不会被轻易打开。卡拉—科宾人常常在挖开墓坑后就将死者葬在巴泽雷克人木椁的盖板上了。与巴泽雷克人不同，卡拉-科宾人通常将死者面朝上、平躺着放置在棺椁中，而巴泽雷克人群的死者通常被摆放成侧身屈肢的姿势。这名卡拉—科宾男子的身下就是一具埋葬巴泽雷克贵族的巨大的木椁。木椁在地面以下2.82米的位置，呈长方形，长3.6米，宽2.3米，高1.2米。从上到下是由5排西伯利亚落叶松的原木搭建而成，内侧都经刨光。木椁底距墓口2.82米，顶盖是多根并排钉在一起的原木，底部铺满了鹅卵石。卡拉—科宾人曾尝试挖开这座冰封的木椁，但始终没能成功而放弃。于是他们便将部族中死去的贵族男性埋葬在木椁的盖板上面了。

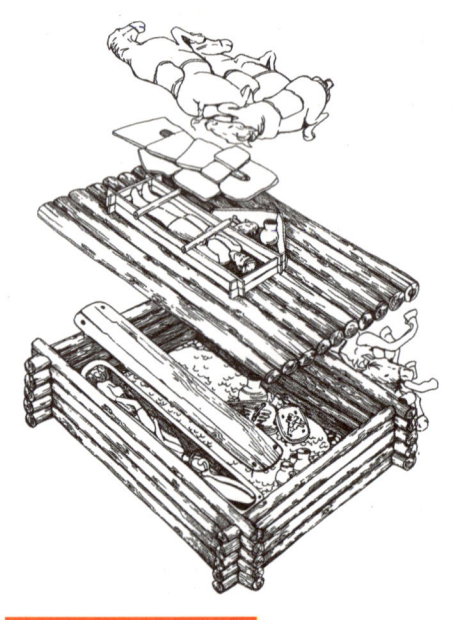

阿克—阿拉哈墓葬复原图

与其他巴泽雷克人一样，下面这具木椁的北面随葬着5匹马，它们身上都配备了木制的笼头和毛毡制成的鞍鞯。5匹马都是被武器敲击颅骨致死，马的鬃毛和尾巴都经过修剪，尾巴像鞭子一样编起来。木椁内东墙下放置许多随葬品：两个盛放羊尾和马尾的木盘、两个木制的罐子、一只角杯，还有两件陶器。其中盛放马尾的木盘里插着一把包金铁削刀，刀首装饰着野山羊角形的图案。一个木罐子里面还插着一根木棒，木棒一端插着一个弧形的把手，这是用来搅拌马奶酒的工具。木椁里南面放置着一具长 2.73 米，高 63 厘米的半剖木棺，这是身份最贵的人才能使用的葬具。木棺中冰封着一位巴泽雷克贵妇，她的装束在前文说过：宽大的毛布长裙、贴身的丝织衬衫和连袜毡靴。头发被剃光了，头顶上带着高耸的假发套。这样的假发套在以前巴泽雷克墓地中也发现过两件，在塔比提谒见武士的毡毯上，塔比提女神似乎也带着类似的假发套。这是当地流行的一种特殊的习俗。巴泽雷克墓地的发掘者鲁金科曾认为这种假发套是在死者去世后，给她剃光头发再戴上去的。而博罗斯马克则怀疑在她们生前就已经是这样的装扮了。希罗多德《历史》中曾提到在高山山脚下居住着一群秃头人，他们生下来便是秃头，长着狮子的鼻子和巨大的下巴，穿着斯基泰人的衣服，被斯基泰人尊崇为神圣的塔比提女神的化身。尽管其中的部分描述过于夸张，但博罗斯马克认为阿尔泰巴泽雷克文化人群中这些光头带着假发套的女性可能就是部落中的象征塔比提女神的女巫师。更有意思的是，她的手臂还文着后肢翻转的鹿形格里芬的刺青，这或许也是她作为巫师特有的一种装饰。

二 国王谷，黄金冢

巴泽雷克文化人群领地东面的萨彦岭里，也居住着一群游牧民族，他们就是乌尤克文化人群。他们至少在公元前 8 世纪的时候就已经发展成为南西伯利亚最大的一支游牧部落。他们的部落首领集中埋葬在俄罗斯图瓦共和国首府克孜勒（Kizil）西北，乌尤克盆地中的阿尔赞（Arzhan）山谷里，约有四五十座大型的坟冢。因此，阿尔赞山谷也被称做"国王谷"。

20 世纪 70 年代，苏联考古学家格里亚兹诺夫（M. P. Gryaznov）和曼奈—奥勒（M. H. Mannai-Ool）发掘了国王谷中最大的一座坟冢，编号阿尔赞 1 号王陵。这座坟冢直径长达 120 米，高 4 米，是用每块重约 20 公斤～50 公斤的大石块堆筑而成的，也是当时南西伯利亚最大的坟冢。坟冢下面没有墓坑，而是用松木的原木构筑的一个帐篷状的木构架，中间分隔成 70 个呈放射状排列的小室。这样的建筑结构与北高加索公元前 7 世纪的斯基泰早期贵族墓葬非常接近。主墓室位于木构架的中心，长宽均为 8 米，里面中心位置有一具 4.4 米×2.7 米的大木椁，里面放置着两具半剖木棺，木棺中分别埋葬了一名老年男子和一个成年妇女，他们应该是乌尤克部落最高的统治者

阿尔赞 1 号王陵平面图

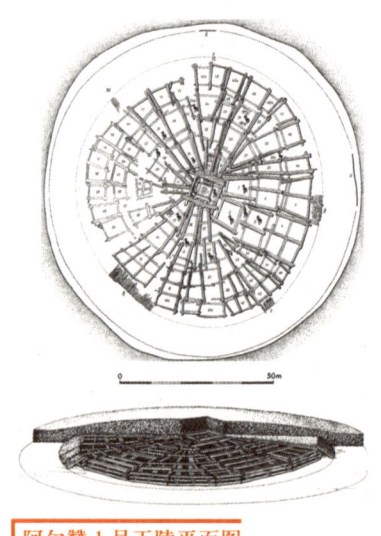

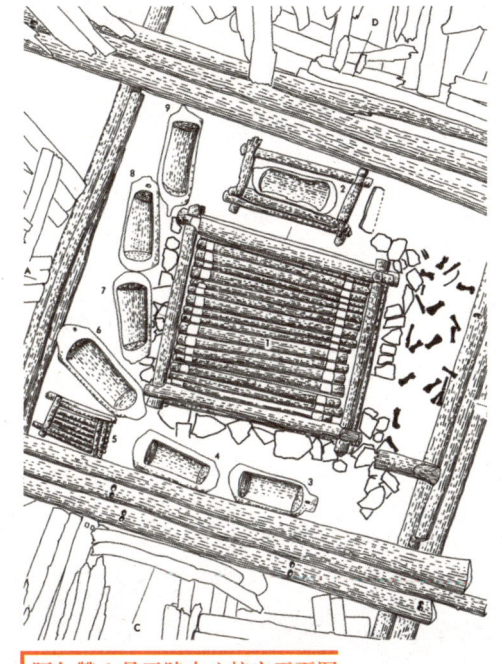

和他的妻子。这座王陵也在早年遭到盗掘,因而没有发现太多的珍贵物品。这具木椁外侧的北面、西面和南面分别放置着9具木制棺椁,多数也是贵族使用的半剖木棺。里面分别埋葬着老年男子,他们可能是中心椁室中部落酋长的近臣。木椁的东面则殉葬着6匹配备马具的马。中心墓室周围的隔间中,有9个专门用于殉马,另有一些隔间里面也放置着独木棺,用来盛放殉葬者

阿尔赞1号王陵中心椁室平面图

的遗骸。据统计,阿尔赞1号王陵中共有15名男子殉葬,完整的殉马共有161匹,另外还有300匹马在葬礼上被吃掉。如果按照土方量来计算,如此巨大的坟冢在当时需要1500人连续工作7~8天才能完成。通过对阿尔赞1号王陵松木碳十四测年分析,考古学家将这座墓葬的年代判定为公元前8世纪末至公元前7世纪初。

  阿尔赞1号王陵中出土的马具均为青铜铸造,三孔的棒状马镳,马镫形、葫芦形的马衔都与同时期中亚草原萨迦人使用的马具造型相同。木椁中还发现一件装饰在马胸前的圆形饰牌,上面锤碟着一只身体蜷曲的雪豹。武器主要有短剑、鹤嘴锄和箭头。短剑剑格细长,呈倒写的"V"字形,剑首呈"一"字形或装饰一只伫立的野猪的纹样。箭头是最常见的柳叶形双翼箭头和子弹头形的箭头。这个时期的动物

纹图案题材并不丰富，都是以单体出现，除了野猪和雪豹，还有山羊。动物造型写实，身体和四肢都比较粗壮，看上去敦实可爱。

阿尔赞1号王陵的发掘在学术界引起了巨大的反响。这座坟冢不仅规模庞大，时代也早于中亚和南俄罗斯草原、北高加索的游牧贵族墓葬。不少学者回想起希罗多德关于斯基泰人起源的传说，推测萨彦岭可能是斯基泰人最早的故乡。但是，仅凭这些还是不够的，还需要更多的证据。为了这个目的，俄罗斯考古学家楚古诺夫（K. V. Chugunov）与德国考古学家帕尔青格（H. Parzinger）在阿尔赞国王谷进行了长达15年的考古调查，他们甚至运用了金属探测仪器，希望

阿尔赞2号王陵主墓室

找到一座没有被盗墓者光顾过的坟冢。

终于在 2001 年，考察队锁定了国王谷中的一座直径 80 米、高 2 米的坟冢，开始发掘。这座坟冢编号阿尔赞 2 号王陵，也是用巨大的石块堆筑而成的，但是下面没有帐篷形状的木构架，而是分布着 26 个土坑。坟冢正下方的土坑中空无一物，是一个用来迷惑盗墓者的空坑。这个空坑显然起到了作用，因为它西北面埋葬部落首领夫妇的木椁被完好地保存了下来。这个木椁放置在地下 3 米深的一个 5 米见方的土坑中，椁室的底板上安葬着一名 40～45 岁的男子和一名 30～35 岁的女性，两人都呈侧身屈肢、左臂向下的姿势，头朝向西北方向。两人的首饰，随身佩戴的武器，衣服上的装饰品全部是用黄金制作的，非常华丽。据统计，这些黄金制品共有 5700 多件，上面装饰着题材丰富的动物纹图案，被誉为"斯基泰动物纹百科全书"。这些动物纹图案风格写实而生动，仍以表现单体动物为主。贵族男性头上戴着一顶护耳的圆帽，帽顶缝着一只黄金制作的雄鹿，雄鹿脖颈高高昂起，蹄尖向下轻盈伫立。帽檐上装饰着几匹卧马。男性脖颈上带着一件粗大的金项圈，上面装饰着成排成列行走姿态的老虎以及狼扑咬山羊的图案。他身上的披风上也缀满了老虎形状的金饰片。左手边的弓箭袋上装饰着许多野猪形状的金饰片，右手挂着一根包金的马鞭。腰带上配挂着

阿尔赞 2 号王陵贵族夫妇装束复原

一把金柄铁短剑和一把包金铁销刀。短剑的剑脊、剑格、剑柄和剑首上装饰着老虎扑咬山羊的场景。老虎身上的条纹都被细致地刻画了出来。男性脚下的毡靴上也裹覆着金箔。

男性身旁的女性贵族头顶竖着高高的发髻，发髻顶端插着一根黄金的发簪。发簪上面也有一只昂首驻足的雄鹿。可见，他们与巴泽雷克文化人群一样，对于鹿有着独特的崇敬。女性也带着金项圈、腰间佩一柄短剑和削刀。另外，她腰间还挂着一件铜鍑形状的金制小铃铛，上面装饰着老虎与山羊搏斗的场景。这样的装扮使我们想起乌科克高原的女巫师来。乌科克部落中的首领夫妇，不仅是最高统治者，可能也扮演着萨满巫师的角色。

阿尔赞 2 号坟冢中的其他土坑内埋葬着多具殉葬者和殉葬马匹的遗骸。考古学家们还发现这些殉葬坑的布局具有一定的规律。埋葬女性和儿童的殉葬坑都分布在坟冢的西南部，而殉葬男性和马匹的坑都位于坟冢的东北部。殉葬的人群中还有一部分是乌尤克部族中的艾迪—拜勒（Aldy-Bel）部落人，他们是用石板围砌的石椁来盛殓死者的尸体，这种石椁很像阿尔泰山卡拉—科宾人的石箱墓。但他们尸体安置的姿势却与贵族们一样，也是侧身屈肢、头向西北。根据科学测年的结果，这座墓葬的年代大约在公元前 7 世纪，比阿尔赞 1 号王陵的年代晚半个多世纪。阿尔赞山谷中这些宏伟而富丽堂皇的陵墓向后人充分显示了他们部族的强盛，他们在萨彦岭称霸了五个世纪之后，最终被蒙古高原上崛起的匈奴人所征服。

2011 年，新疆文物考古研究所于建军带领的考古队为配合基本建设，抢救性发掘了新疆阿尔泰地区哈巴河县的东塔勒德墓地。考古队在一些公元前 8—前 7 世纪的墓葬中发掘出 800 多件金器，这些金器装饰的野猪、雄鹿、老虎的图案与阿尔赞 2 号王陵出土的金饰件非常接近，表明萨彦岭的乌尤克文化人群与南面阿尔泰山南麓的人群之间存在着一定的文化联系。

希罗多德曾引用公元前 7 世纪寻访中亚的希腊诗人阿里斯铁阿斯的长篇叙事诗"独目人",其中提到看守黄金的格里芬人与只长着一只眼睛的阿里玛斯帕人为邻,两个部落经常为黄金发生争斗。而阿里玛斯帕是一个富有马匹和牲畜、武士众多的强悍部落。如果我们在前文推测的阿尔泰山巴泽雷克文化人群是中亚传说中的格里芬人的话,那么在他们东面的乌科克文化人群很有可能就是传说中

阿尔赞 2 号王陵陪葬墓

的阿里玛斯帕部落。当然,独目人并不真的只长有一只眼睛,阿里玛斯帕是斯基泰语的称呼,表示"一只眼睛"的意思,但在于阗塞语中,意为"孤独的守望者"。阿里玛斯帕的名字或许是在欧亚草原不同部族的转述中被希腊诗人曲解为"独目人"。

三 金字塔巨冢与直立人偶

米努辛斯克盆地处萨彦岭、阿尔泰山北面的西伯利亚高原之中,三面环山,水量充沛的叶尼塞河从中穿过。虽然地处高原,但这里的海拔只有200米~700米,气候温暖湿润、土地肥沃,适合农作物和牧草的生长。青铜时代的阿凡纳谢沃文化(Afanasyevo culture)、奥库涅夫文化(Okunev culture)、安德罗诺沃文化(Andronovo culture)、卡拉苏克文化(Karasuk culture)的居民曾先后在这里生活。进入早期铁器时代以后,米努辛斯克盆地被一个称作"塔加尔文化"(Tagar culture)的人群所占据。

塔加尔文化人群的遗存是在20世纪20年代由苏联考古学家捷普楼霍夫首先发现的。主要的遗迹是墓葬。每个墓地中通常都有几十个甚至几百座墓葬。墓葬地面上都构筑着方形的土冢和石围墙。随葬的物品中,武器有短剑、鹤嘴锄、箭头;马具有镳、衔和弓形器;日用陶器大多是平底的,还有用于祭祀或煮肉的青铜鍑。此外还有锛、锥、镰刀等工具和装饰各种动物纹图案的青铜饰牌和带扣,女性墓葬常随葬桥钮的铜镜。与中亚、萨彦岭以及阿尔泰山的游牧民不同,塔加尔居民经营着半农半牧的生产方式,除了放养牲畜,还种植粮食。

希腊诗人阿里斯铁阿斯曾听伊犁河流域的伊塞顿人说,格里芬人和阿里玛斯帕人的北面生活着希伯里安人(Hyperboreans),他们的领地一直延伸到大海。狄罗斯(Delos)的希腊人中还流传着这样一个传说,希伯里安人曾派五个男子护送两名少女,拿着祭品从希伯里安一直向西,经由斯基泰人的领地一直抵达亚得里亚海,再往南送到狄罗斯岛。后来少女死在了狄罗斯岛,这令希伯里安人非常悲伤。他们便想出一个办法,用麦秸包裹着祭品传递给西面的邻族,然后经由一个个部落,最后送到狄罗斯岛。塔加尔人群居住在阿尔泰山看守黄金的格里芬人北面,他们东面就是世界上最大的淡水湖——贝加尔湖。那里可能就是伊塞顿人所谓的"大海"。塔加尔居民或许就是希腊传说中的极北居民——希伯里安人。

塔加尔文化人群的墓葬建筑很有特点。一战期间来沙俄考察的奥地利历史学家默哈特曾目睹过米努辛斯克盆地的坟冢,他曾这样描述道:"这里,在我们脚下的山坳里,是一座连着一座整齐排列的巨大的坟冢。这片墓地周围树立着高耸、宽大的石板,它们就好像一群神秘的暗红色怪兽站在那里。我试着去数这些坟冢的数量,这片狭窄的

塔加尔坟冢外巨大的石围墙

山坳里估计有 100 多座坟冢,没有一座边长小于 10 米。"

苏联考古学家格里亚兹诺夫将塔加尔墓葬发展变化的过程分为四个时期:公元前 7 世纪,塔加尔人群的墓葬还没有那么高大,地面上有用竖起的石块围成的方形或长方形围墙,围墙四角立着高大的石柱。石围墙长 4 米~10 米,最长不超过 30 米。围墙里面通常有一个竖直下挖的土坑,里面埋葬一具仰身直立的死者的遗骸。墓坑顶部封盖着石板,并不堆筑坟冢。贵族墓葬使用木椁做葬具,而普通成员的遗骨都盛殓在石椁当中。公元前 6—前 5 世纪,塔加尔墓葬的数量急剧增加。石围墙的规模也进一步扩大,边长达到 10 米~20 米。围墙四角以及四边的中间都树立石柱,围墙内出现多个墓坑,分别埋葬多个死者。贵族墓葬地面开始堆筑高大的坟冢,比如阿巴坎草原的卡拉坟冢,封土高达 4 米,石围墙四角和四边树有 14 根 3 米高的立石,石围墙内建筑着两具木椁。公元前 4—前 3 世纪,塔加尔墓地墓葬数量开始减少,

哈卡斯帝王谷塔加尔墓地

但坟冢堆筑得更加高大，石围墙的面积也增加了几乎一倍。吉谢列夫发掘的萨尔拜克斯基（Salbykskii）坟冢石围墙边长70米，高3米~6米，堆筑石围墙的石板每块重约50吨，围墙内的坟冢高达11米，看上去就像一个庞大的金字塔。这个时期的墓葬都用桦树原木搭建的木椁来盛殓死者的尸体，坟冢下面通常有一列1~3个墓坑。贵族墓葬仍然单独埋葬，但是普通成员却集中埋葬在同一具木椁中，有的木椁里甚至密集地埋葬着几百具人骨。这种墓葬可能是长时间里不断埋葬死者的氏族公墓。儿童一般埋葬在靠近围墙的小石堆里面。公元前2—前1世纪，塔加尔人将坟冢修建得更加高大，石围墙的规模也扩大了许多，有的面积甚至达到800平方米，石围墙四角和四边石柱的数量也增加到20~30个。墓坑的面积也大幅增加，里面埋葬了数百名死者。在墓坑里葬满死者后，人们会点火焚烧木椁，然后再封盖墓室、堆筑坟冢。这个时期还出现一种古怪的葬俗，就是在死者面部裹覆石膏制成面具，在上面涂上颜色，然后将身体的骨骼绑在一起和头骨连接起来，并在身体上穿上衣服，活像人偶一般。根据学者们的推测，将死者制成人偶，不仅可以保存死者的面貌，使他们在下葬前的葬礼上供族人吊唁，同时还可以保存很长时间，连同其他死者一起成批埋葬。

四、席卷欧亚，沟通东西

早在丝绸之路开通之前，南西伯利亚的游牧人就与中国北方地区的游牧或半农半牧的民族建立了密切的文化联系。他们从天山、阿尔泰山南下东进，一直抵达鄂尔多斯高原。近年来，中国新疆、甘肃、宁夏、陕西、内蒙古以及河北北部陆续发现了许多来自欧亚草原的物品和装饰图案。

新疆天山、阿尔泰山的许多遗址都发现过装饰西伯利亚动物纹风格的饰牌。比如伊犁哈萨克自治州新源县的金卧虎，吐鲁番阿拉沟墓葬出土的后肢翻转180度的虎纹金牌饰，艾丁湖征集的虎噬羊动物纹牌饰，哈密巴里坤草原石人子沟遗址发现的鹿形格里芬纹样的金银饰牌、虎噬羊纹饰牌、格里芬纹样的青铜带扣等。另外还有大量铜镞、箭镞、马具，造型与中亚和南西伯利亚的游牧民用品造型

新疆巴里坤石人子沟遗址墓葬出土金银饰件

相同。另外且末县扎滚鲁克墓地、吐鲁番洋海墓地、哈密盆地艾斯克霞尔南墓地都发现了角形箜篌，这种乐器可能在早期铁器时代之初就从欧亚草原，经阿尔泰山南下天山，传入新疆各地。

甘肃的庆阳一带曾是春秋战国时期半农半牧的义渠戎人的活动中心。20世纪80年代开始，考古工作者就曾在这里陆续发掘、采集到许多装饰动物纹的青铜和黄金饰品。比如庆阳采集的虎噬羊纹牌饰，采用了汉地青铜器惯用的装饰手法表现了西伯利亚动物纹的搏斗场景，显然是当时的仿制品。更为可喜的发现是在甘肃天水市张家川回族自治县马家塬，考古学家在这里抢救性发掘了一批战国时期的戎人贵族墓葬。他们与欧亚草原上的游牧民一样，喜欢用黄金来制作首饰以及衣服、马具、武器的装饰品。死者的衣服、腰带、靴子以及随葬的双轮战车上都缀满了金、银制作的饰片。许多饰片上装饰着山羊、老虎、格里芬以及这些动物相互搏斗的图案，它们的造型与萨彦岭、阿尔泰山流行的动物纹题材非常接近。墓葬中还出土了镶嵌红玛瑙和绿松石的金饰件，造型和制作工艺又与萨尔马提亚人使用的物品相似。1号墓中还发现了一件釉陶杯，造型很像萨尔马提亚女巫师墓葬中的那件雪花石膏的杯子，可能是从埃及进口的。此外，战车的轮毂上还装饰着希腊的海浪纹，戎人贵族身上还装饰着蜻蜓眼玻璃串珠，出土的侧钮铜镜和银镜造型又与乌尤克文化人群使用的物品相似。可以看出，这里的戎人与西北部萨彦—阿尔泰地区游牧部落的联系非常密切。

另外需要注意的是，西戎贵族以及与他们关系密切的秦人，在萨彦—阿尔泰诸部落的文化影响下，在春秋时期之初就开始使用并随葬装饰华丽的金柄或铜柄铁剑。许多学者甚至怀疑，早期的冶铁术就是从西面欧亚草原的游牧民传入中原的。这样的铁剑在陕西雍城到陇山地区还发现了许多把，有些造型和花纹经过了重新的设计和改良。铁器锻造技术在当时还没有普及，这些做工精美的金柄铁剑作为奢侈品只发现在贵族墓葬中，普通部落成员使用的武器有许多还是青铜铸造的。

宁夏地区以固原为中心的清水河流域是春秋战国时期乌氏戎人活动的区域。20世纪70年代以来，考古工作者在以固原为中心的地区采集、发掘出大量游牧民族使用的武器、马具以及装饰动物纹的饰件。它们的造型和艺术体裁也与南西伯利亚游牧民的物品相似。

内蒙古中南部以及陕西北部的鄂尔多斯高原在春秋战国时期是晋胡、楼烦等半农半牧部族的活动区域。从20世纪20年代开始，这里曾发现大量装饰动物纹的青铜器和金、银饰品。其中鹿形格里芬、鹰、狼、山羊以及动物搏斗的图案都能够在萨彦—阿尔泰地区找到原型。比如阿鲁柴登出土的一件装饰狼纹的螺旋形金项圈，其造型与萨尔马提亚人的项圈非常相似。1957年，陕北神木纳林高兔村的一座战国墓葬中，也出土了一件鹿形格里芬的冠饰以及几件银虎的饰件，造型与阿尔泰山巴泽雷克文化人群流行的图案如出一辙。

值得注意的是，一些装饰动物纹的金器上还刻写着汉字的铭文。比如西沟畔2号墓出土的7件银质虎头节约，背面阴刻着"少府二两十四朱"、"得工二两二朱""得工二两廿一朱"字样的铭文。铭文中的"斤"、"两"、"朱"都是计重铭文，标明物件的重量，"得工"是赵国管理手工业的官署的名称，"少府"是战国晚期秦、韩、魏、赵等国管理王室手工业制造的官署名称，铭文的字体属赵国，因此，这7件银质节约应该是赵国官署制造的物品。另外，墓葬中还出土两块金饰牌，长13厘米，宽10厘米，分别重291.4克和330克。上面表现了后肢翻转180度的老虎与野猪搏斗的场面。金饰牌边缘刻写着"一斤五两四朱少半"、"一斤五两廿朱少半"、"故寺豕虎气"字样的铭文。从字体判断，应属秦国少府制造的物品。

战国时期秦、赵诸国的手工业作坊都施行严格的管理制度，物品上通常会刻写工匠、官署名称，物品的名称、重量、长度等信息的铭文。如果出现任何问题，就便于追究责任。这种制度称作"物勒工铭"。通过这些铭文，我们可以判明西沟畔2号墓葬出土的这些金银器是在秦、赵的官署手工业作坊中生产制造的，但器物上装饰的动物纹图案却又是欧亚草原游牧民流行的装饰题材，所以，这批金银器很可能是秦赵两国按照游牧民族的喜好给北方的游牧部落首领专门设计制作，作为一种馈赠或颁赐的礼物送给他们的。1999年西安北郊发现的一座战国晚期墓葬证实了我们的推测。这座墓葬中出土了许多用于铸造鹿形格里芬纹样青铜饰牌的陶制模具，发掘者推测墓中埋葬的死者生前是一个铸铜工匠。中原地区的农业民族为北方游牧民族定做动物纹制品的现象，不禁令人想起黑海北岸希腊工匠为斯基泰贵族制作动物纹饰品。

战国时期，中国北方的农牧交错地带生活着许多半农半牧的民族，与南方农业诸国保持着密切的商贸往来。其中一些部族逐步发展强大，时常侵扰南方农业诸侯国的边境。军事摩擦在所难免，秦穆公曾率军西征，征服西戎十二个部族，扩地千里。后来

鹿形格里芬冠饰

| 草 | 原 | 霸 | 主 | ——欧亚草原早期游牧民族的兴衰史

飞翔的格里芬纹饰

秦人与戎人逐渐融合,许多戎人部族成为秦国的属民,一部分充入秦军之中。就如同波斯帝国大流士对中亚萨迦人的征讨。也有一些诸侯国积极学习北方游牧民的生活习俗和作战方法,实施改革。比如赵武灵王。他在公元前307年下令官员和百姓都穿戴游牧民的帽子、衣裤,学习骑马和射箭,使赵国逐渐强盛,随后灭掉了白狄族的中山国,击败了鄂尔多斯地区的林胡、楼烦部落。后来赵武灵王得到了林胡的良种马,并招募了大量的林胡勇士编入自己的军队当中。鄂尔多斯西沟畔出土的赵铭银节约就是最好的例证。

河北易县燕下都遗址的辛庄头30号墓是一座战国晚期墓葬,其中出土了金柄铁剑、错金银铜衡饰,以及方形、圆形金饰件共计82件。金器上普遍装饰着马、鹿、鹿形格里芬、虎、狼等西伯利亚风格的动物纹图案。格里芬造型以及用圆圈和水滴形状的符号表示肌肉的手法都与阿尔泰山巴泽雷克文化晚期的动物纹装饰接近。其中20件金器背面都刻写着"十两九朱"、"五两十三朱"字样的计重铭文,从铭文的字体来看,它们也是由赵国工官制造的。

公元前一千纪以来,多支游牧民族在欧亚草原上迅速崛起,并向军事化方向发展。他们不仅创造了精良的武器、马具和动物纹装饰艺术,还形成了尚金、殉马、巫术、宗教等一套生活习俗和宗

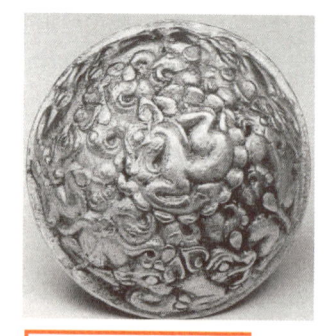

水滴纹鹿形格里芬纹饰

教习惯。这些游牧文化以一股强劲的思想浪潮，一种流行的社会风尚，快速席卷了广袤的欧亚草原。这些自由驰骋在草原上的游牧民，不仅与南部农业民族保持着密切的文化联系，或以军事冲突，或以商贸往来，促进了自身文化的发展，同时也在这个过程中间接地充当了欧亚大陆东西方文化交流的桥梁。西方的箜篌、蜻蜓眼玻璃通过他们带到东方，而东方的丝绸、铜镜也得以从草原运往黑海之滨。